ぼくが遺骨を掘る人「ガマフヤー」になったわけ。

サトウキビの島は戦場だった

具《ぐ》志《し》堅《けん》隆《たか》松《まつ》――著

合同出版

読者のみなさまへ

　ぼくは30年間、かつて沖縄であった戦争で亡くなった方々の遺骨を収集してきました。この本は、その経験から学んだ「戦争の現実」と、それを次の世代に引き継ぐための活動をまとめたものです。ふり返れば、ぼくが遺骨収集をはじめたころ、「なぜ遺骨を掘っているのか」という質問を何度も受けました。ぼくは、弱者に手を差し伸べることに理由が必要なのだろうかと反発にも似た思いを抱きつつも、その質問にうまく答えることができず、ジャングルの奥に埋もれたガマの中で人目を避けるようにひとり、遺骨を掘り出してきました。

　２００８年6月、那覇市真嘉比《まかび》地区でおこなわれた遺骨収集活動が大きな転機となりました。真嘉比での遺骨収集を実現させるため、ぼくは県や国の行政と向き合い、いろいろな不条理を目の当たりにしました。目の前に立ちはだかる行政という「壁」に個人が対峙《たいじ》することの限界を毎回感じながら、そのたびに、「土に埋もれたまま声すら上げることのできない戦没者のためだ。だれもやらないのなら、恥をかいてもいい、現場を知っているぼくがやろう」と自分自身にいい聞かせました。そして、壁をひとつ乗り越えるたびに、結果はより社会的なものになっていきました。

ぼくひとりでおこなっていた遺骨収集が「市民参加型の遺骨収集作業」になり、社会的弱者の「緊急雇用創出事業」となりました。そしていま、身元不明の遺骨を遺族の元へ帰すための「ＤＮＡ鑑定」がはじまろうとしてます。

ぼくは、だれかになにかを教えることなどできません。ただ、沖縄戦で殺された人びとの叫びをもっと多くの人に知ってもらいたいばかりに、人前に出て声をあげてきたのです。

まさか、ぼくが本を書くようになるとは思いもしませんでした。子どものころから本好きでしたが、作文は大の苦手でした。そんなぼくが、そそのかされて文章を書いたのですから、校正を手がけた編集部のみなさまのご苦労は並大抵ではなかったでしょう。

しかし、30年という時を経て、「なぜ遺骨を掘っているのか」という冒頭の質問には、ようやく答えを出せたのではないかと思っています。

若い人たちに伝えたいことがあります。これからの長い人生、力の強い者についていくのではなく、弱い者に寄り添い、ともに歩んでください。それが社会がよりよくするだけでなく、人生をきっと充実したものにしてくれるはずです。

２０１２年８月

具志堅隆松

◉もくじ

第1章　遺骨収集作業に出会う

ガマの中の鉄帽と頭蓋骨

ぼくがはじめて人骨を見たのは9歳くらいのときでした。友だちと近くの山で遊んでいて、背の高い草むらをかきわけて進んでいくと、小さな土手にたどり着きました。足元には直径1メートルくらいの穴があいていました。なかをのぞくと薄暗い地面には鉄帽《てつぼう》*が転がっていて、その側に白い頭蓋骨《ずがいこつ》*が見えたのです。

ぼくたちは「わーっ！」とさけんで一目散に逃げました。

小学生だったぼくたちは、「探検」と称して、よく山でガマ*探しをしていました。何かにおどろいて逃げ出すのは、たいてい頭蓋骨かハブ*に出くわしたときでした。山には頭蓋骨以外にもたくさんの人骨がころがっていたはずですが、頭蓋骨以外は人間の骨という気がしませんでした。

ガマというのは、沖縄の方言で、自然にできた洞窟《どうくつ》のことをいいます。沖縄本島は大昔、海底サンゴ礁《しょう》が隆起してできた島で、その後、風化や水の侵食作用によって、島内のいたるところに大小さまざまな洞窟ができたのです。ガマは戦時中、日本軍の戦闘陣地*や野戦病院*、宿舎として、また住民の避難壕《ひなんごう》として利用されました。

いまぼくは58歳ですが、子どものころ、沖縄では、家のまわりの野原や空き地か

＊鉄帽：銃弾から頭部を守るためにかぶる鉄でできた帽子。鉄兜《てつかぶと》ともいう。

＊頭蓋骨：頭部と顔面部分を構成する首から上の部分の骨の総称。とうがいこつ、頭骨《ずこつ》ともいう。

＊ガマ：沖縄本島南部に多く見られる自然の洞窟。おもに石灰岩で形成された鍾乳洞《しょうにゅうどう》。なかには人が1000人以上も入れる大きなガマもあった。

らは、さびた砲弾《ほうだん》*の破片や小銃の弾丸や薬きょう、*軍靴などが出てくるのはあたり前でした。
不発弾*や未使用の小銃弾などを見つけると火薬を取りだして、地面に火薬で模様を描き、火をつけて遊んでいました。火薬は花火のようにきれいでした。
このように、ぼくは戦争の痕跡《こんせき》に囲まれて少年期を過ごしていましたが、それを特別なこととは思わず、日本中どこでも同じようなものだろうと思っていました。ただ、山や薄暗いガマの中に放置された人の骨のことは気にかかっていました。しかし、親やまわりの大人たちからは、遺骨は戦争で亡くなった人たちのもので、いつか家族が探しにくるからさわるな、といわれていました。
じっさい、新聞には、沖縄戦で戦死した兵隊の遺族が遺骨収集団をつくり、本土《ほんど》*からやってきたという記事（9ページ参照）がよく載っていました。記事を読んだぼくは、「やっぱり家族の人が探しに来たんだな。これであの骸骨《がいこつ》たちも家族のもとに帰れてよかった」と、子どもながらに安心していました。
しかし、遺族が遺骨を掘り出したとしても、その骨が探し求める父や兄、息子のものであるかどうかを判定する手がかりはほとんどなかった、ということをぼくが知ったのは、大人になって遺骨の収集活動をはじめてからでした。

***ハブ**：沖縄など南西諸島に広く棲息《せいそく》する毒蛇。体長は最大2・5メートル。

***戦闘陣地**：地上戦で地形を利用して有利な立場を得ることを目的に、戦闘に必要な装備などを配備して構築した陣地。

***野戦病院**：戦場のすぐ後方に設け、戦闘で傷ついた兵士などを収容する病院。沖縄戦では、戦争が激しくなるとガマ（前ページ注参照）に野戦病院が移された。現在、ひめゆりの塔が建つ場所には南風原《はえばる》陸軍病院壕の趾がある。

***砲弾**：なかに火薬がつめられた大砲の弾。着弾点で爆発すると、火力と飛び散った破片で人を殺傷する。

***薬きょう**：実包（火薬が充填された実弾）の弾丸を飛ばすための火薬がつまった部分。多くは真ちゅうでつくられた円筒で、片側に弾丸が取り付けられている。

はじめての遺骨収集

ぼくがはじめて遺骨収集に参加したのは、いまから30年前、28歳のときでした。当時、ぼくはボーイスカウトの成人リーダーを務めていました。本土からやって来た遺骨収集団のなかにたまたまボーイスカウトの関係者がいて、ぼくたちの団にも協力要請があったのです。ぼくはその協力要請に応じて、はじめて遺骨収集作業に参加したのです。

遺骨収集は、沖縄本島の南部に位置する糸満《いとまん》市と具志頭《ぐしかみ》村（現・八重瀬《やえせ》町）の境に広がる原野でおこなわれました。作業は班にわかれて、事前に割りあてられた場所を掘り進めていくのですが、ぼくは応援参加だったためひとりで掘ることになりました。

その日は雨が降る冬の寒い日でした。ぼくはまず、原野の小高い場所に登って、戦闘がおこなわれたときの状況を想像して、自分ならどこに隠れるかと考えてみました。沖縄戦では「鉄の暴風」*と形容されるほど、アメリカ軍の激しい砲爆撃があったといわれています。

原野には、ところどころ小さな岩が点在するだけで、身を隠すガマもありません

＊**不発弾**：戦闘で使用されたが、何らかの理由で爆発しなかった砲弾や爆弾。沖縄では建設現場や原野などから頻繁に発掘されている。

＊**本土**：日本の沖縄県以外のこと。沖縄では本土の人のことをヤマトンチュ（大和人）、沖縄の人のことをウチナンチュ（沖縄人）と区別して呼ぶことがよくある。

＊**「鉄の暴風」**：沖縄戦でのアメリカ軍による激しい艦砲射撃（18ページ注参照）のこと。使用された砲弾は数百万トンともいわれ、「地形が変わるほどだった」といわれる。沖縄戦のようすをまとめた『鉄の暴風』（沖縄タイムス社、1950）という本によってこの言葉が広く知られるようになった。

八日から遺骨収集へ

日本青年奉仕協会員が来沖

戦後二十七年、沖縄の山中、原野の窪地にいまだに放置されている遺骨を収骨しよう―と社団法人・日本青年奉仕協会（大浜信泉会長）が、八日から二十八日までの二十日間、沖縄の遺骨調査と収集奉仕作業を行なう。

収集奉仕隊十五人の第一陣として斉藤信夫氏が二日来沖、作業活動について県厚生部援護課や関係市町村団体との打ち合わせなど、具体的な活動の進め方について事前協議、予備調査を行なっている。本隊は七日に来沖、県の青年奉仕協会員一人を加えて十六人で「沖縄遺骨調査・収集奉仕隊」を編成、八日から沖縄南部の摩文仁丘一帯を中心に遺骨収集作業を始める。

日本青年奉仕協会は、昨年から沖縄の未収容遺骨の収骨を計画、政府にも早急な対策を訴えるとともに「われわれ青年の手で収骨に協力しよう」と全国の青年に呼びかけた。こんどの計画では野ざらし遺骨の存在が予想される地域の調査、収骨を行ない、戦後処理と戦没者の慰霊に協力することがねらい。

遺骨収集団の来沖を伝える当時の新聞記事（「琉球新報」、1973年３月３日付）。

でした。よく見ると、人の背丈ほどのマッシュルームの形をした岩*がいくつかありました。

自分ならそこに身を潜めたに違いありません。さっそく、その岩まで下りていって、そのまわりを掘りはじめました。土をわずか5センチメートルくらい掘ると、いや掘るというのは適切ではありません、土を少し手でどけただけで人の骨がつぎつぎと出てきました。

そのときの気持ちは、いまでもうまくことばでいい表すことができません。

ただ「こういうことがあっていいのだろうか？」「ここで死んだ人が何十年も放ったらかしにされていたなんて！」という思いが込み上げてきました。

その日の作業が終わり、ぼくは帰りの自動車の中で「きょうはありえないことをした。他人様の骨を掘るなんて、自分がやってよいことなんだろうか……」「もう二度とできないだろうな」と考えていました。

戦争で死んだ人の骨がいまなお放置されている現実と、その日の朝までのぼく自身の日常生活とを結びつけることができなかったのです。

じつは目の前の遺骨の人は「死んだ」のではなく、「殺された」のです。しかし、ぼくがそのことに気づいたのは数年後のことでした。

＊沖縄本島南部の海岸に多く見られるマッシュルーム形の岩。サンゴ礁や石灰岩が波に浸食されてこのような形になる。

熊手をもったおばあさん

それから1年が経とうとする1月の終わりに、一枚のはがきが届きました。遺骨収集への参加要請でした。参加するかどうか、何日も迷いました。

ガマや原野で、だれに看取られることもなく死に、埋もれたままになっている遺骨のことを考えると、収集してあげたいとは思うのですが、遺族でもない自分がそれをしていいのだろうかと迷いました。そして、なぜ、みんなは遺骨収集に参加しないのだろうか、とも思いました。

沖縄は2月に入ると冷たい雨がよく降ります。去年の遺骨収集も冷たい雨のなかでの作業でした。ぼくはじっと目を閉じてそのときのことを思い返しました。本土から来たおばあさんが、雨合羽をかぶり、熊手を手に、肩を左右に揺らしながら、わが子の遺骨を探しによたよたと山のなかに入っていくうしろ姿を思い出しました。

参加しよう！　少なくともあのおばあさんよりは、ぼくのほうが埋もれている遺骨をたくさん見つけることができるはずです。

それからの参加に迷いはありませんでした。ぼくは本土からやってくる団体が主催する遺骨収集作業に毎年参加するようになりました。

しかし、遺骨収集団の作業は年に1回だけの行事です。ぼくは、遺骨収集作業に毎年参加するなかで、出土する遺骨が年々劣化していることに気づいていました。とくに地表に露出している遺骨は、埋没した遺骨に比べると、関節部分の劣化が進んでいました。

ぼくは、本土の団体が収集作業にやってくるのを待っていないで、ひとりで遺骨収集をしようと決心しました。原野やガマのなかだけでなく、日本軍が戦闘陣地や野戦病院にするために掘った構築壕《こうちくごう》*、隆起したサンゴ礁岩にできたクレバス*の中にもひとりで降りていき、遺骨を収集するようになりました。

***構築壕**：日本軍が避難場所や武器庫、陣地などに使用するために、人工的に穴を掘って造成した壕。自然にできたガマと区別する。

***クレバス**：氷河や岩などにできた大きな亀裂のこと。小さなものはスリットと呼ばれる。幅数メートルのものから数十メートルに及ぶものまである。

第2章　沖縄で戦争があった

アメリカ軍の上陸

ところで、沖縄でなぜこんなにもたくさんの遺骨が見つかるのでしょうか。それは、いまから67年前、沖縄はアジア・太平洋戦争の激しい戦場となったからです。

アジア・太平洋戦争とは1941年12月8日、日本軍がハワイの真珠湾を奇襲攻撃*してから、ポツダム宣言*を受諾して、1945年8月15日に敗戦するまでのおよそ4年間にわたって、アメリカ軍やイギリス軍など*を相手に戦った戦争のことです。

戦争がはじまってはじめの2年間、日本軍は太平洋や東南アジア地域において、アメリカ軍、イギリス軍、オランダ軍などを撃破し、勢力をどんどん拡大させていきました。しかし、1942年6月、日本軍はハワイ沖のミッドウェー島攻略を目指した海戦*によってアメリカ軍に大敗を喫し、多くの戦力を失ってしまいます。

一方、当初劣勢に立たされていたアメリカ軍でしたが、このころまでには十分な戦力が整いつつありました。そしてミッドウェーでの海戦に勝利して以降は、戦力の質、量とも日本軍を圧倒しはじめ、日本軍は重要拠点をつぎつぎに失いはじめます。

日本軍は本土防衛と戦争継続のために不可欠な地域、拠点を「絶対国防圏」*と定めましたが、1944年にはそうした地域のほぼすべてを失い、日本本土への空襲*

***真珠湾を奇襲攻撃**：1941年12月7日(日本時間8日未明)、日本海軍はハワイのパール・ハーバー（真珠湾）の米軍基地を奇襲、アジア・太平洋戦争が始まった。

***ポツダム宣言**：1945年7月26日、ドイツのポツダムで、アメリカ合衆国、中華民国、イギリス、ソビエト連邦（後の参加）が日本に対し、戦争終結と日本の降伏条件、戦後の日本に対する処理などを定めた共同宣言。日本ははじめ無視したが、広島・長崎への原爆投下と、ソ連の参戦により8月14日に受諾し、アジア・太平洋戦争は終結した。

***アメリカ軍やイギリス軍など**：日本・ドイツ・イタリア（=三国同盟）など、いわゆる枢軸国のファシズムに対抗して戦った国々（連合国軍）のうち、日本と戦ったのはおもにアメリカ・イギリス軍。

***ミッドウェー島攻略を目指した海戦**：ミッドウェー島はハワイの西、太平洋上にある小島で、アメリカ軍の重要基地。この敗戦から、日本軍は最後まで劣勢を強いられることになった。

***絶対国防圏**：第二次世界大戦において、守勢に立たされつづけた日本が本土防衛上、また戦争継続のために最低限必要であるとした領土・地域。1943年9月30日の御前会議（天皇が参加する会議）で決定された。北は千島から東は小笠原、南はニューギニア、ビルマ、マリアナ諸島などを囲む範囲。しかし実現には、それを維持するための攻撃力はおろか防御も補給線も不十分

が本格的にはじまります。

こうして日本軍の敗色が決定的になるなか、アメリカ軍は日本本土での地上戦へ向けて、その足がかりを確保するために沖縄を攻撃することを決定し、１９４５年３月、住民たちが「海が真っ黒にうめつくされていた」と表現するほどの大艦隊*を沖縄に集結させたのです。

そして１９４５年４月１日、沖縄本島中部西海岸の読谷村《よみたんそん》から北谷村《ちゃたんそん》にかけての海岸にアメリカの軍隊がついに上陸*を開始しました（17ページ図参照）。アメリカ軍が沖縄攻略に要した兵力は、54万８０００人といわれています。それを迎え撃つ日本軍*は８万６４００人。しかし、日本軍は主力部隊を本島南部に置いていたため*、アメリカ軍は日本軍の抵抗を受けることなく無血上陸*に成功しました。そして、またたく間に沖縄本島を中央で分断し、北部と南部へ向けそれぞれ進撃を開始しました。北部はわずか2週間程度で制圧されてしまいました。

日本軍は、首里城《しゅりじょう》*の地下に大規模で堅牢な壕を掘り、そこに軍指令本部*を設置し、そこから沖縄各地の部隊へ命令を出していました。

日本軍は、地上には戦闘陣地をほとんど設けず、ガマを利用したり、地下構築壕をつくって立てこもったりしました。兵力が圧倒的に劣勢だった日本軍は自ら攻撃

で、これほど広い地域で戦うことは事実上不可能だった。

***日本本土への空襲**：日本本土への初空襲は１９４２年（昭和17年）４月18日（東京・名古屋・神戸など）で、以降１９４５年（昭和20年）８月15日の敗戦当日まで続いた。

***アメリカ軍の大艦隊**：アメリカ軍は、１９４５年３月22日から慶良間《けらま》諸島を皮切りに、１３００隻以上の艦船を沖縄周辺の海域に集結させ、上陸を開始した。

***アメリカ軍の沖縄本島への上陸**：一般に、４月１日、アメリカ軍の沖縄本島上陸をもって沖縄戦がはじまったとされているが、それに先立つ３月26日にはアメリカ軍の一部部隊が慶良間列島に上陸し、住民の「集団自決」が発生している。また、前年の10月10日には、那覇市が大規模な空襲に見まわれ、市街地の大半が焼失するなど、４月１日を沖縄戦開戦の日とすることに対しては、異論も少なくない。

***沖縄戦を戦った日本軍**：沖縄戦を戦った正規軍は第三二軍（沖縄守備軍）で兵力は８万６４００人だった。沖縄戦当時の司令官は牛島満《うしじまみつる》中将、参謀長は長勇《ちょういさむ》少将。高級参謀として八原博道《やはらひろみち》大佐がいた。

***主力部隊を本島南部に置いた**：アメリカ軍は艦隊の一部をいったん本島南部に集結させ、あたかも西南部の海岸から上陸するように見せかけた。そのため日本軍は主力部隊を南部に移動させ反撃に備えた。しかしこれはアメリカ軍の陽動作戦で、実際には読谷海岸から上陸した。

することはせず、アメリカ軍の艦砲射撃や空爆*に耐えて、侵攻してくるアメリカ軍をじっと身を潜めて待ち受け、複数の地点から連携して攻撃を加えるという戦法を基本にしていました。

4月8日、宜野湾《ぎのわん》市の嘉数《かかず》高地で激しい戦闘*がはじまりました。その後、浦添《うらそえ》市の城間《ぐしくま》や前田・沢岻《たくし》、西原《にしはら》町の棚原《たなはら》や幸地《こうち》、運玉森《うんたまむい》、那覇市の首里や安里《あさと》、真嘉《まか》比《び》でも激戦が繰り広げられました。

嘉数での戦闘は16日間にわたってつづきましたが、アメリカ軍はついに嘉数を陥落させ、ほかの陣地でもつぎつぎと日本軍を撃破していきました。

住民の避難場所が戦場に

日本軍司令本部では、首里城にとどまり、アメリカ軍との最終決戦に臨んで「玉砕《ぎょくさい》」*するか、さらに南部へ撤退して戦闘をつづけるかの検討がなされました。

5月の末、軍司令部は南部の糸満市摩文仁《まぶに》の山中にあるガマに移動することを決定します。南部地区には、すでに軍の指示によって大勢の住民が避難*していました。日本軍がその南部に撤退するということは、住民を戦闘に巻き込むことを意味します。日本軍もそのことはよくわかっていました。しかし、日本軍は「ある目的」

＊無血上陸：アメリカ軍の兵士のなかには「罠《わな》ではないか」と不安に思うものもいたが、実際にはわずか1時間で1万6000人もの軍隊を無抵抗で上陸させることができた。後にアメリカの軍人たちのあいだでは、このときのようすについて「まるでピクニックのようだった」と語られることになった。

＊首里城《しゅりじょう》：沖縄が琉球王国であった時代の王城。創建はあきらかではなく、発掘調査から14世紀頃と推測されている。建物は度々焼失し、現在首里城は沖縄戦で全壊した後、1958年に守礼門《しゅれいもん》が再建されたのを皮切りに、現在に至るまで再建事業はつづけられている。

＊軍司令本部：沖縄守備軍（第三二軍）の指令本部のこと。創立（1944年3月）初期の軍司令部は沖縄本島の那覇と首里の中間に置かれ、奄美《あまみ》群島から先島《さきしま》諸島をその守備範囲とした。その後連合国軍の上陸に備え、首里高地の西に広大な壕を構築し、1945年1月より順次移転した。この壕は総延長1000メートル、深さ15～35メートルもある大規模なものであった（参考：八原博道『沖縄決戦』読売新聞社）。この壕の上には戦後首里城が再建され、現在その地下に位置する壕を一般に公開するための準備が行われている。

＊空爆：空中爆撃の略。航空機から爆弾や焼夷弾《しょういだん》、機関銃などで地上を攻撃すること。

＊嘉数の戦い：嘉数高地（沖縄戦では第

図　沖縄本島の地図、アメリカ軍の侵攻ルート。主な激戦地。

日本軍はアメリカ軍の侵攻を食い止めようと、限られた兵力を防御しやすい高台の陰に集めて抵抗した。圧倒的な武力をもつアメリカ軍にかなうはずもなかったが、捕虜になることを禁じた日本軍は全滅するまで戦いつづけた。アメリカ軍には戦死者も負傷者も回収するという決まりがあった。しかし、日本軍は、負傷者の野戦病院への搬送こそおこなったが、戦死者の後方への移送をおこなったという事実は確認されていない。激戦地に多くの日本兵の遺骨が残されているのはそのためである。

『沖縄戦―国土が戦場になったとき』（藤原彰著、青木書店）、『沖縄戦―民衆の眼でとらえる「戦争」』（大城将保著、高文研）、『沖縄戦と民衆』（林博史著、大月書店）を参考に作成。

七〇高地と称された）は、沖縄本島の中心部より南にくだった現在の宜野湾市に位置する。嘉数高地の戦闘では、両軍の戦死傷者は合わせて約10万人にのぼったといわれている。

＊玉砕《ぎょくさい》：アジア・太平洋戦争中、大本営発表でしばしば用いられた言葉。戦地で部隊が全滅したときに使われた。「立派な男子は潔く死ぬべきであり、瓦《かわら》として生き延びるより砕けても玉のほうがよい」という意味。

＊沖縄戦に備えた住民の避難命令：日本政府は、沖縄戦がさけられない見通しとなった1944年7月、沖縄在住の民間人10万人を本土と台湾に疎開させることを閣議決定した。疎開の目的は基本的に、戦闘のじゃまになる女性や老人、子どもたちを立ち去らせるのが目的であった。しかし、警察が疎開を促したものの、希望者は他府県人がほとんどで、9月15日までに2万4409人が疎開したにとどまる。また、学童疎開についても県内政部長から通達があり、8月19日までに那覇から鹿児島に向けて数百人が移動したが、8月22日、疎開船対馬《つしま》丸がアメリカの潜水艦によって撃沈され、学童700人を含む1484人が死亡するという痛ましい事件が起きた。生存者はわずか177人だった（参考：林博史『沖縄戦と民衆』大月書店）。

のために、住民の安全については配慮することなく、南部への撤退を決定したのです。その目的とはなにかはあとで説明します。

　住民が避難している地域に日本軍が割り込んだことで、日本軍による住民に対するさまざまな加害行為が発生しました。たとえば、すでに住民が避難していたガマを日本軍が強制的に収用して住民を追い出す「ガマ追い出し」、住民からの「食料強奪」、子どもの泣き声でアメリカ軍に居場所を知られてしまうことを恐れた「幼児虐殺」、子どもや老人にまで弾薬運びなどをさせる「強制徴用」、根も葉もないスパイ容疑による住民の「処刑」、降伏しようとする住民の「殺害」などです。

　一方のアメリカ軍も、躊躇なく住民を攻撃しました。* その結果、戦闘員よりも、本来は保護されるべき住民の方がはるかに多く犠牲*になってしまいました。

　日本軍が南部に撤退せずに降伏していたならば、こうした悲劇は起こらなかったでしょう。それは、ぼくがおこなってきた遺骨収集の記録からも裏づけられます。アメリカ軍の上陸地点から首里城にいたるまでの激戦地では、遺骨のほとんどは日本軍の装備品を身につけており、非戦闘員の住民と思われる遺骨はまだ一体も発見されていません。すでに住民が避難したあとだったからです。これに対して首里城より南の地区からは、あきらかに老人と推定される遺骨や、母子の遺骨がたくさん

＊アメリカ軍の無差別攻撃：沖縄戦は、アメリカ軍にとっても苛酷な戦いだった。上陸後の犠牲を最小限にとどめようと、事前に日本軍が隠れていそうな海岸や森に向けて、「鉄の暴風」（8ページ注参照）と形容される猛烈な艦砲射撃をおこなった。小さな島を無差別に攻撃したため、多くの住民が犠牲になった。

＊沖縄戦の犠牲者：日本側の死者・行方不明18万8136人（沖縄県出身者12万2228人＝うち民間人9万4000人、軍人・軍属2万8228人）。アメリカ軍側の死者・行方不明者1万2520人。（沖縄県援護課1976年3月発表）沖縄戦においては、住民の4人に1人が犠牲になったといわれる。しかし、家族・一族全員が亡くなった例もあったために実態がつかめず、また住民登録前の乳幼児の死亡も多数あるなど、正確な犠牲者数は把握できていない。

発見されています。

最後の一兵まで戦え

沖縄戦は1945年6月22日、沖縄戦の最高司令官、牛島満《うしじまみつる》*陸軍中将と参謀長、長勇《ちょういさむ》*中将が本島南端摩文仁の司令部で自殺しました。これをもって沖縄戦における組織的な戦闘は終わったといわれています。

しかし、実際にはその後も戦争状態がつづきました。

原因のひとつは、牛島中将が自殺する前に「最後の一兵まで戦え*」と命令を出したことにありました。この命令によって、残された各部隊は、戦争に負けたとわかっても降伏することができなくなったのです。

一方のアメリカ軍も、日本軍の敗残兵の掃討《そうとう》に手を緩めることはありませんでした。火炎放射器でガマをつぎつぎと焼き払い、爆弾を投げ込みました。その掃討作戦に巻き込まれた住民こそ悲劇でした。

戦後は遺骨の収容からはじまった

1945年9月7日、越来村森根《ごえくそんもりね》、現在の嘉手納基地内において降伏調印式がお

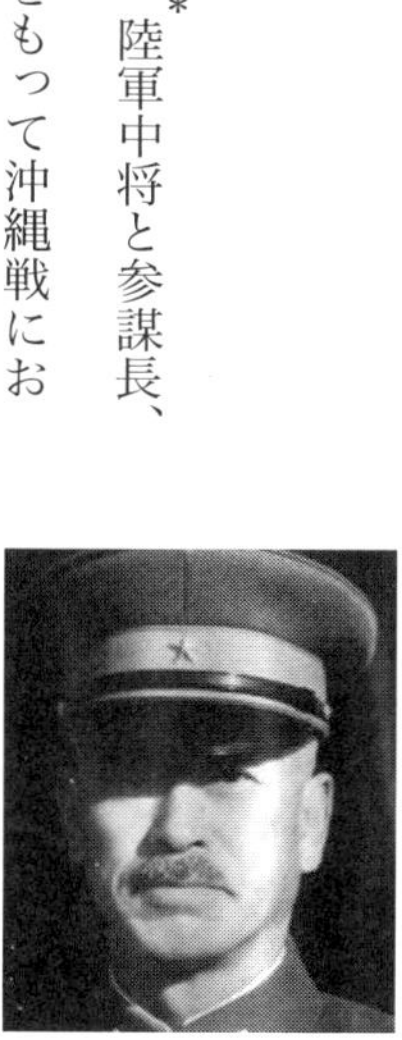

＊牛島満：第三二軍（沖縄守備軍）最高司令官。陸軍中将。

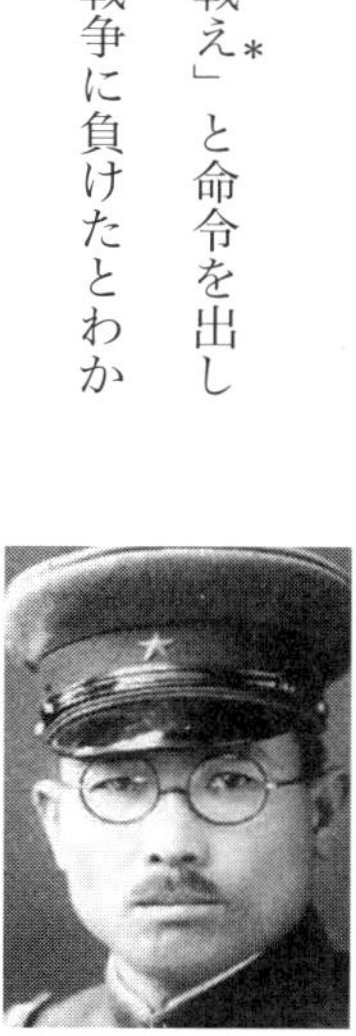

＊長勇：第三二軍（沖縄守備軍）参謀長。三二軍創設時陸軍少将、1945年3月に中将に昇進。

＊最後の一兵まで戦え：最高司令官牛島満は自決直前に次のような命令書を残した。「爾後《じご》各部隊は各局地ニオケル生存者ノ上級者コレヲ指揮シ最後マデ敢闘シ悠久ノ大義ニ生クベシ（このあと、各部隊はそれぞれの戦闘地で生存しているうちのもっとも階級の高い兵が指揮をとり、最後まで戦いぬいて永久に天皇のために尽くせ）」。この命令は降伏は許さず最後のひとりまで戦えという意味に解釈され、指令本部が壊滅して組織的戦闘が終わった6月23日以降も、兵たちは住民を巻き込みながら戦いつづけ、より多くの犠牲者を出す結果となった。

こなわれ、沖縄戦は正式に終結しました。それによって、住民もアメリカ軍の民間人収容所*からようやく解放され、それぞれの村にもどっていきました。

村にもどった住民が最初にやらなければならなかったのは、村のあちこちに横たわる遺骨や半ばミイラ化した遺体を収容することでした。家が建っていた場所に雨風をしのぐ仮設の小屋をつくるにしても、畑仕事を再開するにしても、まずは、遺骨を片づけなければならなかったのです。ぼくの知り合いのAさんは、２００坪の畑から8人の日本軍兵隊の遺体を見つけたと証言しています。

住居や畑などの生活の場では早い時期から遺骨収集がはじまりましたが、避難先で肉親を失った人が、肉親の遺骨を探しにいくことはとても困難でした。戦争終結直後は、アメリカ軍によって住民の移動が制限されていたからです。

アメリカ軍の監視の目をかいくぐり、身内の遺骨を探しあて、無事収容できた例はほんのわずかしかないといわれています。１９４７年3月になって、住民の昼間の移動制限が解かれ、自由に移動できるようになりましたが、時すでに遅しでした。戦死した場所を探しあてたとしても、遺骨は地元の人によってすでに収容され、無数の遺骨とともに各地域の慰霊塔*に収められたあとでした。

また、多くの場合、記憶を頼りに南部地区に足を運んでも、仲間や家族の戦死し

＊アメリカ軍の屋嘉《やか》収容所：収容所は、投降した日本兵や軍属などを収容する捕虜収容所と、保護した民間人を収容する民間人収容所にわけられた。米軍は「捕虜は安全に保護する」とはいうものの、環境は劣悪で、食糧も十分ではなかった。また収容所では、米兵による民間人殺害や婦女暴行事件が多発した。

た場所を見つけることすらできませんでした。住民は、昼間はアメリカ軍の攻撃をしのぐため、ガマの中や岩陰にじっと身を潜め、夜になると安全な場所を求めて山の中を移動することをくり返していましたから、どこをどう歩いたかまったく覚えていなかったのです。

戦死者を仮埋葬した場所に運よくたどり着いても、あたりはすっかり草木に覆われて、埋葬場所らしいところを掘ってみたが、遺骨が出てこないのであきらめたという証言もよく聞きます。避難したガマを探しあてても、複数の遺骨が散乱していてどれが肉親の遺骨かわからず、収骨をあきらめたという話も珍しくありません。

目の前に身内の遺骨があるとわかっていながら、あきらめなければならない無念さはいかばかりだったでしょう。当時は、現在のようにＤＮＡ鑑定*で遺骨を特定する技術もなく、また仮にあったとしても遺族が国に何かを要求するなどとんでもないという時代でした。

日本軍は沖縄住民を守らなかった

沖縄戦の特徴として、よく「国内初の住民を巻き込んだ地上戦*」といわれます。けれどもぼくは、「兵隊より住民の犠牲が多かった地上戦」だと説明しています。

＊敗戦直後に建てられ、現存する戦没者慰霊塔。

＊**ＤＮＡ鑑定**：ＤＮＡとは「デオキシリボ核酸」の略称で、遺伝子の本体として生物の核内に存在する物質。現段階ではサンプルが少なく、単独の鑑定結果から個人を特定することはできないが、照合サンプルがあればかなりの精度で特定が可能となった。初期の鑑定では数百人にひとり同一のパターンが認められたが、現在では精度が飛躍的に向上し、同一パターンが出現する確率は４兆７００億人にひとりといわれる。

＊**国内初の住民を巻き込んだ地上戦**：中国大陸や東南アジア、南方の島々など占領地を除くと沖縄戦は、アジア・太平洋戦争で唯一の住民を巻き込んだ地上戦。

さきほども紹介しましたが、沖縄戦で住民の犠牲が多くなってしまった最大の原因は、沖縄本島の南部で日本軍と住民とが同じ場所で混じってしまったこと、つまり「軍民混在」の状態がつくられたことにありました。南部地区は、日本軍の命令によって避難した多くの住民であふれかえっていたといわれます。5月末になると、日本軍は「あえて」その南部地区に撤退し、軍民混在の状況をつくったのです。

じつは、日本軍が南部地区へ撤退したのには、アメリカ軍を沖縄にくぎづけにして、日本本土への上陸を遅らせるという目的がありました。沖縄での戦闘を少しでも長びかせ、日本本土決戦までの時間を稼ぐという作戦です。日本軍は、沖縄をそのための「捨て石*」にしたのでした。日本軍には、沖縄住民の安全を確保しようとする意図はまったくありませんでした。

この目的をいいつくろい、住民の犠牲を正当化するため、日本軍は「軍官民共《ぐんかんみんきょう》生共死《せいきょうし》*」とさかんに喧伝《けんでん》しました。日本軍も沖縄も沖縄住民も戦争をともに生き、ともに死ぬという意味です。しかし、実態は「軍を生かすべく民は死ぬべし」にほかなりませんでした。

沖縄戦を生き残った方々は「アメリカー（アメリカ兵）よりもヤマト（日本兵）の方が怖かった」とよく口にします。「軍隊は住民を守らなかった」のです。

＊捨て石：この戦争が圧倒的に不利であると見た日本は、本土決戦にもち込んで戦争を長引かせ、少しでも有利な状態で停戦にもち込もうとしていた。最低限「国体（天皇が統治する国の体制）の維持」が目的だった。そこで、本土決戦の準備のために、少しでも長くアメリカ軍を沖縄に足止めしておく必要があった。つまり、日本は国体を守るために、捨て石のように沖縄を切り捨てたのである。

＊軍官民共生共死：牛島満司令官の沖縄守備軍への着任演説（訓示）にある言葉。しかし実際には、「軍官民共生共死」ではなかった。たとえば、長勇参謀長は、米軍がいよいよ上陸しようというときの住民の在り方について、「県民は、ただ軍の指導を理屈なしに素直に受けいれて、全県民が兵隊になることだ。県民が軍の作戦に協力し食糧を確保することが重要である。敵が上陸したら、食糧輸送が困難になり、県民の餓死が起こる。住民が軍に食糧を求めても軍はこれに応じるわけにはいかん。軍は戦争のために重大な任務についているのだから軍の食糧は住民にはやれない」と語っている。つまり、「共生（共に生きる）」は存在せず、軍のために死ぬことだけが求められた。

第3章　ガマに残された遺骨が語る戦争

ガマが自然の要塞になった

日本軍が拠点にした沖縄本島の南部は、なだらかな平野にいくつもの丘が点在しています。ほとんどの丘が、東西に延びていて、北側は絶壁、南側はゆるやかな斜面になっています。* 北から攻めてくるアメリカ軍を幾重もの絶壁が立ちはだかり、日本軍にとっては、願ってもない自然の要塞《ようさい》*でした。

沖縄南部の地層は、おもにサンゴ礁《しょう》石灰岩と、沖縄の方言でクチャと呼ばれる灰色の泥灰岩、そしてニービと呼ばれる赤い細粒砂岩から構成されています。この石灰岩の地層が雨水によって侵食され、何万年という年月のうちに地下に空洞（ガマ）がつくられました。ガマは大きさも長さもさまざまで、地下に川が流れているものもあります。

日本軍は、丘の地下にいくつもの地下陣地を構築しました。ガマをそのまま利用したり、さらに掘り進めて拡張したりもしています。また、アメリカ軍を迎え撃つため、必要な場所には壕《ごう》も掘りました。土木機械はなく、すべて手掘りでした。壕の規模はさまざまで、師団《しだん》*本部（指令部）が使用する大規模なものから、大型の大砲やトラックを収納できるもの、さらに山の中腹に狙撃《そげき》ポイントとしてつくられ

＊嘉数《かかず》高地（北）から前田丘陵（南）を望む。

＊要塞：外敵からの攻撃を防いだり、または敵を攻撃するために造られた頑丈な建造物。

＊師団：陸軍部隊を構成する単位のひとつで編成人員は1万人以上。2～4の旅団（2000から5000人）からなる。ちなみに旅団は2つ以上の連隊（500～2000人程度）からなり、連隊は複数の大隊（数百人）あるいは中隊（数十から数百人）からなる。その下にはさらに少数の小隊、分隊などに細分化されている。

た3、4人しか入れないような小さな戦闘壕までいろいろです。

日本軍は壕掘り作業に、住民を強制徴用しました。那覇市の真嘉比《まかび》の壕を掘るときは、近くの小学校の児童まで動員されたそうです。

墓も陣地になった

沖縄には、本土にはないトーチカ*のような堅牢な外殻をもつ亀甲墓《かめこうばか》*や、山の斜面やがけ下に掘り込み墓などがありますが、日本軍は自然のガマや人工の壕のほかに、お墓まで陣地として利用しました。

お墓の使われ方もさまざまで、墓の入り口のふたを開けて砲撃や爆撃から身を守る一時的なシェルター代わりにしたり、中の骨壷《こつつぼ》を全部外へ出し、墓室の奥にさらに壕を掘ってほかの壕と連結したりしました。砲兵隊《ほうへいたい》*や対戦車砲*の弾薬庫として使用された墓もありました。

聞き取り調査をすると、戦後、住民たちがアメリカ軍の収容所から解放されて集落にもどってくると、先祖代々の墓が開けられて、骨壷は外に出されて遺骨が散らばったままで、そのそばで日本兵の遺体が白骨化していて、どれが先祖の骨なのかわからなくなった、という話をよく聞きます。

＊トーチカ：コンクリートで頑丈に造られた防御のための陣地。銃眼という敵を銃で攻撃するための小窓がつけられている。

＊亀甲墓：沖縄の墓は何人もの人が入れるほど墓室が広い。しかもコンクリートや石造りの堅牢な造りで、沖縄戦では避難壕として利用された。日本軍は隠れている住民を追い出し、トーチカ代わりにしたこともあった。屋根の部分が亀の甲羅《こうら》に似ているところからこの名前がある。

＊砲兵隊《ほうへいたい》：大砲や重機関銃などの重火器を用いて敵を攻撃する陸軍部隊のひとつ。

＊対戦車砲：戦車を撃破するために鋼鉄の板を貫通する威力をもった砲。バズーカ砲など。

じっさい、壕と墓とが混在しているような場所で遺骨の収集作業をしていると、割れた骨壷が出てきて、それがお墓の被葬者の骨だとわかることがよくあります。お墓に収められた遺骨も、放り出されてしまったわけですから、沖縄戦の被害者だといえるでしょう。

遺骨は兵隊か住民か

沖縄本島の南部地区には、現在でも、日本軍の構築壕《こうちくごう》が数多く残っています。ガマにしても構築壕にしても、内部に残っている遺物をしらべれば、そこに兵隊がいたのか住民がいたのかがわかります。

金属やベークライト＊、セルロイド＊などの腐らない材質のものは、67年を経た現在も、遺骨といっしょに見つかります。こうした材質でつくられたものは、ほとんどが兵隊の装備品の一部です。

たとえば軍服では、布は残っていなくても、金属製や陶製のボタン＊やベルトのバックル＊は残ります。軍靴の革は残らなくても、靴ひもを通す小さなハトメ＊や靴底の鋲《びょう》、かかとの部分に打たれたJ字型の金具は残ります。また軍用地下足袋《じかたび》も、灰色のゴム底＊や鉄製のコハゼ＊を見つけることができます。

＊ベークライト：戦前戦中に多用された合成樹脂のひとつ、フェノール系樹脂のことで、ベークライトは商品名。アメリカ人ベークランド（1863〜1994年）が発明したのでこの名が付けられた。

＊セルロイド：戦前から戦後にかけて多用されたプラスチックの一種。おもちゃや文房具などに用いられたが、燃えやすいことからことから現在では使われなくなった。

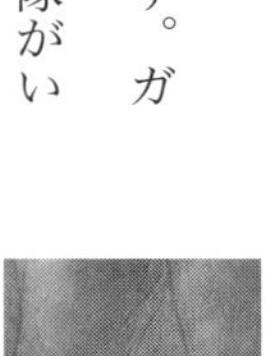

＊軍の陶器製のボタン。

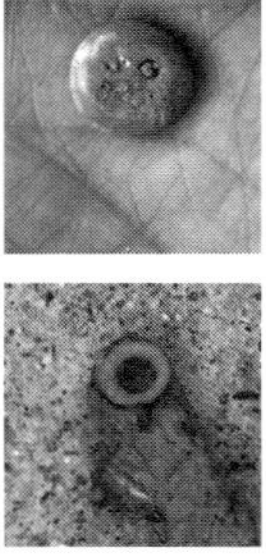

＊ハトメ。

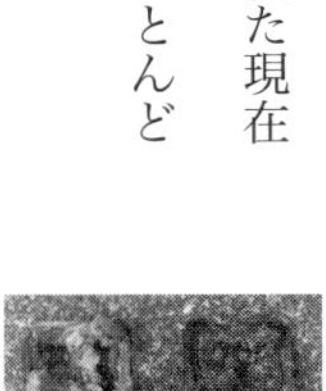

＊軍服についていた金属のバックル。

＊コハゼ。足袋や地下足袋などの合わせ目を止める爪状の金具。

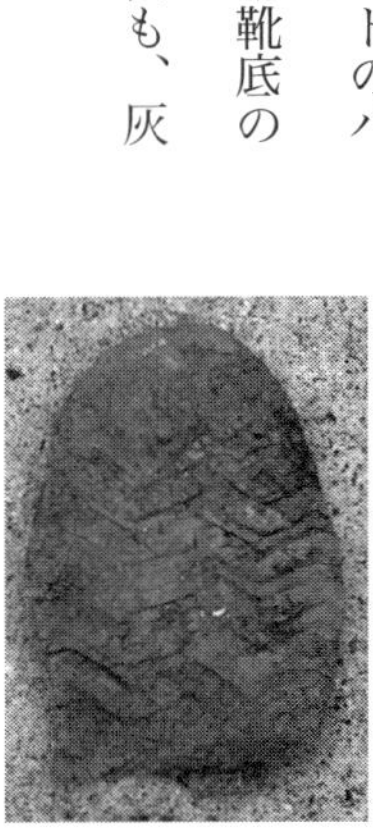

＊軍用地下足袋（靴型）のゴム底。

しかし、住民が身につけていたものは、ほとんど残っていません。当時の住民はほとんどがボタンもベルトもない衣服＊を身に着けていました。そのため、腐食せずに残るものがないのです。はきものも裸足かぞうり、あるいは粗末な運動靴で、これまで現物が見つかった例はありません。

住民が避難したときにもち歩いていたお碗《わん》や急須《きゅうす》、食べものを入れていた耳壷《ミミチブ》＊などは見つかることがありますが、これらは兵隊ももっていたため、それらがいっしょに出てきたからといって、住民の遺骨だとすぐには断定できません。

避難民と日本軍のどちらが使用していたガマなのか、はっきりしない場合もよくあります。というのも、最初は住民が避難していたガマに後から軍がやってきて住民が追い出されたケース、しばらくして軍が移動したのでまた住民が入ったケース、軍が使っていた構築壕に住民が後から入ったケース、その構築壕に別な部隊がやってきて住民を追い出したケースなど、ひとつのガマや構築壕を住民と軍隊が交互に使用することも少なくなかったからです。

快適な避難場所は日本軍が独り占めした

沖縄戦の末期、住民や兵隊は、アメリカ軍に追いつめられた末に沖縄本島南端の

＊沖縄の人びとの服装：戦前の沖縄の人びと。戦争で破壊される前の守礼門《しゅれいもん》にて。

＊耳壷《ミミチブ》：豚の脂身から取った油などを入れていた壷。虫が入るのを防ぐため、ふたをして四つの穴（耳）にひもを通し、天井からつるしたりする。

摩文仁《まぶに》にたどりつきました。この摩文仁の海岸*には、巨大な岩がもたれ合うように群在していて、その下には天然の空間が広がっています。遺骨収集のためにそこへ入って行くと、入り口こそ狭いものの、なかは広く、湿気もありません。

ひんやりとした空気がどこからか流れ込んでいて、湿度が高く空気がよどんだガマや構築壕とは比べものにならない快適な空間です。四方が何メートルもの厚さの硬い岩で囲まれているので、外で砲撃の嵐が吹き荒れようとびくともしません。アメリカ軍の容赦ない砲撃から逃れてこんな安全空間に避難できた人びとは、さぞや命拾いをした思いだったでしょう。

ところが、このような避難場所で収集作業すると、出てくるのは日本軍の装備品や武器ばかりで、住民の存在を示すような遺物はまったく出てこないのです。このような安全で快適な場所は軍だけが使っていたようです。

では、住民たちはどこに逃げたのでしょうか。地上の岩陰に身を潜めたり、岩と岩のすきまに石を積み上げて弾をよけたり、海岸のアダン*の茂みのなかでした。

こうした場所は、アメリカ軍の攻撃から身を守るには、ほとんど役に立たなかったでしょう。敵に立ち向かうべき軍隊が地下深い安全な場所で生きのび、保護されるべき住民は敵の矢面に追い出され、大きな犠牲を強いられたのです。摩文仁の大

*摩文仁の海岸。北から進撃してくるアメリカ軍に追われるように、日本軍も住民も南へ南へと敗走した。そして、最後に追いつめられたのが、本島南端の新崎海岸や摩文仁の絶壁だった。写真は摩文仁の海岸と絶壁で、多くの住民が崖から飛び降りたり、海岸でアメリカ軍に銃撃されたりして命を落とした。

***アダン**：タコノキ科の熱帯性常緑樹。沖縄や台湾に自生し、葉で帽子やうちわ、わらじなどがつくられ、茎や根も民芸品の材料として使われる。パイナップルに似た形の実を付ける。

きな岩塊の下の空間は、沖縄戦を象徴する場所なのです。

うずくまったまま死んだ少年

ガマであれ構築壕であれ、埋没して見わけがつかなくなった入り口を見つけ、いざ、中に入るというときはとても緊張します。内部には、沖縄戦がまだそのまま残っているからです。

アメリカ軍は、ガマや構築壕の中に侵入してまで攻撃を加えるようなことはしませんでした。暗い壕内へ明かりをつけて不用意に入っていけば、奥に潜む日本兵に狙い打ちされてしまうからです。

アメリカ軍はまず壕内に黄燐手榴弾《おうりんしゅりゅうだん》*を投げ込み、中にいる者を煙で追い出します。中からだれも出てこないときには、壕の入り口や上部を大量の爆薬で爆破して、生き埋めにしてしまいました。この戦法は「馬乗り攻撃」と呼ばれています。

浦添《うらそえ》市沢岻《たくし》の壕からは、薬液や聴診器などの医療機材が大量に見つかり、そこが野戦病院壕であったことがわかりました。さらに、傷病兵と思われる兵隊の遺骨が何体も落盤土の下から掘り出されました。遺骨の姿勢から、傷病兵たちは、奥へ向かってはって逃げようとしていたのではないかと思われました。

＊**黄燐手榴弾**：英語では黄燐も白燐もWhite Phosphorusなので、日本語で両方の訳がある。黄燐（白燐）は大気中で自然燃焼すると、空気中の水分を吸収して透明度の低い五酸化二燐の煙を発生させることから、発煙筒（煙幕）として使用される。黄燐手榴弾とはその黄燐に火薬を混合して充填した手榴弾。

糸満《いとまん》市新垣《あらかき》では、出口のない袋小路になった直線状の小さな構築壕を発掘しました。入り口は完全に埋没していました。入り口を掘り起こしてみると、アメリカ軍の黄燐手榴弾の破片が出てきたことから、ガス弾の攻撃を受けたことがわかりました。入り口から壕内中央にかけて落盤した跡があり、その土の下から3体の日本兵の遺骨が発見されました。落盤していない壕の奥では、つきあたり付近から、ひざを抱えるようにうずくまった遺骨が発見されました。

遺骨とともに、ボタンが見つかりました。それは軍服のボタンではなく、県立中学の校章がついたボタン*でした。遺骨は中学生だったのです。少年は鉄血勤皇隊《てっけつきんのうたい》*の学徒兵だったのかもしれません。

うずくまった姿勢から、発見当初は、この少年は傷病者として奥に寝かされていたのだと推測しました。しかし、しばらくして、もしかすると日本兵が落盤で死んだ後も、少年は奥の空間にひとり残されて生存していたのではないかと気づきました。あかりもなく出口もない狭い地下の空間で、救助されるあてもなくたったひとりで残されるのは、想像を絶する恐怖と絶望であったに違いありません。

食糧は、水はあったのだろうか、腐乱臭《ふらんしゅう》に耐えて何日生きられたのだろうか。ぼくは、胸が押しつぶされそうになりました。

＊遺骨とともに出てきた学生服のボタン。表面を研磨処理すると、県立中学校の校章が浮かび上がった。

＊鉄血勤皇隊：沖縄戦で動員された日本軍史上初の学徒隊。動員されたのは14～17歳の徴兵年齢に達していない少年たちで、法的根拠がなかったため、形式上は「志願」とされ親権者の承認を必要とした。しかし、学校が同意なく印鑑をつくり書類を作成したり、また拒否できないような環境がつくられたこともあり、事実上はほとんど強制であった。鉄血勤皇隊としての任務は陣地の構築のほか、砲弾の飛び交う戦場を伝令に走ったり、切り込み隊として急造の爆雷（箱に火薬を詰めた爆弾）を背負って自爆攻撃を命じられた者もいた。伝令といっても複数の隊員に同じ内容の伝言を文書をもたせ、そのうちのひとりでもたどり着けばいいという乱暴なものであった。なかには鉄血勤皇隊に参加することを回避できた生徒もいた。県立第二中学では、配属将校が食糧がないことを理由に生徒たちを家に帰したり、県立農林学校では、引率教師が自らの銃殺を覚悟で生徒を家に帰した例もあった。

ガマの中に残された目覚まし時計

ぼくの印象に強く残っている、ガマの話をもうひとつ紹介しましょう。

Mさん（浦添市出身）は、家族といっしょに山の中の大きなガマに避難しました。

そのガマには、アメリカ軍が上陸する前、3月ごろから多くの住民が逃げ込んでいたのですが、戦況が悪化した4月になると日本軍が入ってきました。

ガマには、つねに50人くらいの日本兵が出入りしていて、夜になるとアメリカ軍の夜営地に切り込み*に出かけていき、その多くはもどってこなかったそうです。

そのガマが、アメリカ軍に発見されて、入り口がつぶされてしまいました。ガマの上部にダイナマイトがしかけられているようで、爆発のたびに落盤が起き、Mさんの目の前で兵隊や住民が大きな岩の下敷きになっていきました。ガマの壁にくっつくように立っていたMさん家族は、落盤からは助かったのですが、ガマの中に閉じ込められてしまいました。

生き残った兵隊たちが、人ひとりが腹ばいになってやっと通れるくらいの小さな穴をこじ開けて、どうにかガマから脱出できるようなりました。兵隊たちはわれ先にはい出ていきました。つづいてMさんが外へ出ようとしたとき、足もとから声が

***切り込み**：死を覚悟で敵に突撃したり、爆雷（木箱に火薬を詰めた急造の爆弾）を抱えて自ら戦車に体あたりをする決死の攻撃。

しました。暗闇のなか、マッチをすり、その炎をたよりに足もとを見ると、初年兵*が下半身を大きな岩にはさまれ、身動きできずに横たわっていました。

「ぼくはT村出身のNという者です、私がここで死んだことを、どうか私の家族に伝えてください」と、その初年兵はMさんにすがるように頼みました。

戦後、MさんはNさんの家をさがしあて、その最期を伝えました。しかし、家族は「Nは摩文仁で死んだことになっている」からといって、話を聞いてくれませんでした。

ぼくはMさんの体験を沖縄戦の史料で知って、Mさん家族が逃げ込んだというガマを見つけたいと思い、知人のKさんと2人で浦添の山中を歩き回りました。

2週間後、ぼくたちはそのガマをようやく探しあてました。* つぎの日曜日に掘ろうと準備していたところ、「埋まっていた入り口を開けたので、中に入れるようになった」とKさんから電話が入りました。急いで駆けつけると、すでにたくさんの遺骨が掘り出されていました。

ぼくはガマの中の形やようすを頭に叩き込むと、まだ会ったこともないMさんに電話をしました。必死に事情を説明して、脱出した岩の位置を教えてもらうと、すぐにまたガマにもどって遺骨を探ました。

***初年兵**：入隊して1年以内の兵。日本軍は絶対的なタテ社会で、上官には絶対服従であると同時に「軍隊は飯数」ともいわれ、同じ階級であるなら、あるいは1つ2つ階級の差があっても、長く軍隊にいるものが幅を利かせた。そのため初年兵は、古参の兵士から理不尽な命令をされたり、それができないと将校の陰に隠れて暴行を受けることもあった。

*Mさんの証言をもとに探しあてたガマの入り口。

Ｍさんの証言通り、たしかに壁際に岩がありました。すでに上半身の遺骨は収集されてしまったようでしたが、下半身はまだ岩の下にはさまったまま残っていたのです。これならいつか遺族にお願いしてＤＮＡ鑑定をすれば、Ｎさん本人かどうかを確かめることもできます。

上半身があったあたりをしらべると、どうしたわけか、たくさんの缶詰の空き缶＊と目覚まし時計、そして未使用の手榴弾がありました。Ｍさんに確かめると、Ｍさんがガマを脱出したときには缶詰などはなかったといいました。

漆黒の暗闇の中での死

これはぼくの推測ですが、缶詰、目覚まし時計、そして未使用の手榴弾は、Ｍさんの後にガマを脱出した人がＮさんに残していったものでしょう。缶詰は開けられていました。Ｎさんはそれを自分で開けて食べたのだと思います。目覚まし時計は、音もない漆黒《しっこく》の暗闇に残される人間に、時を刻む音がせめてものなぐさめとなるようにという気づかいだったのではないでしょうか。時計をわたした人は、ガマを脱出するとき、助けられないとわかっていながら「後で迎えにくるから」といい残したかもしれません。思いは尽きません。

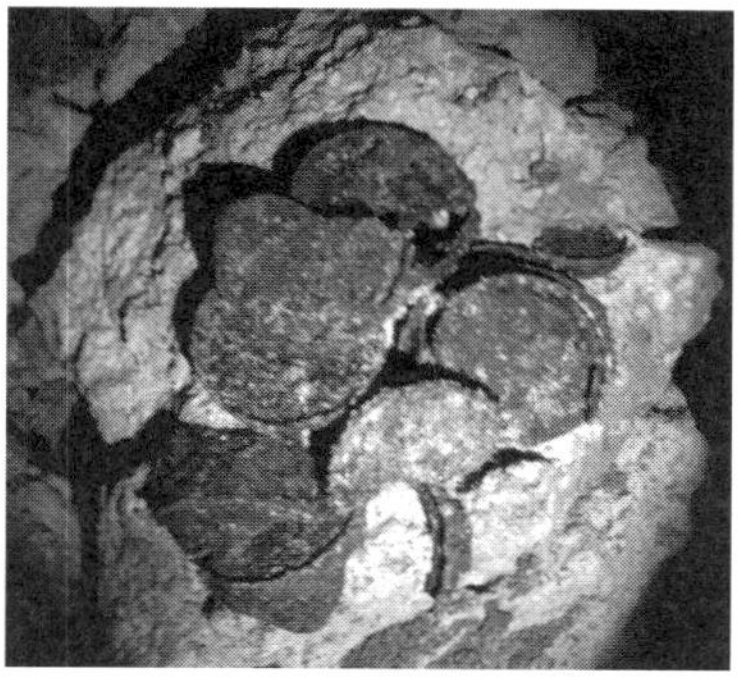

＊出てきた缶詰の空缶。

未使用の手榴弾からも、Nさんの最期の姿を想像することができます。水も食べものもないまま衰弱し、苦しみながら死を迎えなくてすむようにと、だれかが手榴弾をNさんに手渡したのでしょう。しかし、Nさんはそれを使いませんでした。Nさんは自分で自分を殺すことをしなかったのです。

ぼくは、ガマの中で「自決《じけつ》」*した遺骨をたくさん見てきました。その体験からいえることは、最後まで死を選ばない生き方は、死を選択する以上に勇気と努力と忍耐が必要なことだということです。

ぼくはそれまで、遺骨収集の現場から遺物を持ち帰るということをしてきませんでした。しかし、この目覚まし時計だけは、困難な状況でも生をまっとうしたことを伝える品として、手もとにおいて大切に保管しています。この時計はぜんまい式で、ぜんまいを巻かないと止まってしまいます。ぼろぼろにさびて動かなくなった時計を見るたびに、ガマの中でNさんが息を引き取るのと、この時計が止まったのと、どちらが先だったのだろうかと考えてしまいます。

***自決**：追いつめられた兵士や住民が、自ら決断して命を断つこと。日本軍には1941年に当時の陸軍大臣東条英機が全陸軍に下した軍人の心得『戦陣訓』があり、そこに「生きて虜囚《りょしゅう》の辱《はずかしめ》を受けず、死して罪禍《ざいか》の汚名を残すこと勿《なか》れ」とある。「戦死者は英雄だが捕虜になることはこの上ない恥である」という意味で、これを当時の日本軍は軍人だけでなく、住民にもあてはめた。そのために、沖縄戦では多数の「集団自決」が起きた。なお、「集団自決」のなかには「自ら決断」できない乳幼児もふくまれており、「自決」という言葉があてはまらないところから、「強制集団死」という言葉も用いられるようになった。

第4章　ぼくが「ガマフヤー」になったわけ

開発で消える激戦地

次ページの図は現在の那覇市真嘉比《まかび》地区周辺の地図です。真嘉比の東には首里《しゅり》城《じょう》があり、モノレールのおもろまち駅を挟んで西側には、那覇新都心のある丘陵地区が広がっています。

現在の真嘉比と新都心地区は、沖縄戦当時は、首里城の地下につくられた日本軍司令本部を守る西の要衝でした。

真嘉比は、上空から見ると半月のような丘になっているため、アメリカ軍はハーフムーンヒル*と呼んでいました。一方、新都心地区の丘を、日本軍は安里《あさと》五二高地*と呼び、アメリカ軍はシュガーローフヒル*と呼んでいました。

真嘉比と安里五二高地は、直線距離にして３００メートルほど離れていましたが、緊密な連携が取られた強固な連携陣地でした。アメリカ軍は、１９４５年5月12日から18日にかけてこの地を侵攻しましたが、わずか1週間で２０００人あまりの戦死傷者を出し、アメリカ軍にとっては沖縄戦で最大の激戦地のひとつとなりました。

日本軍の戦死者数は把握されていません。戦闘がはじまってからは、戦闘に参加した各部隊の陣中日誌*に記録がない上、最後には壊滅状態になってしまったからで

＊ハーフムーンヒル。

図　那覇市真嘉比地区の周辺地図

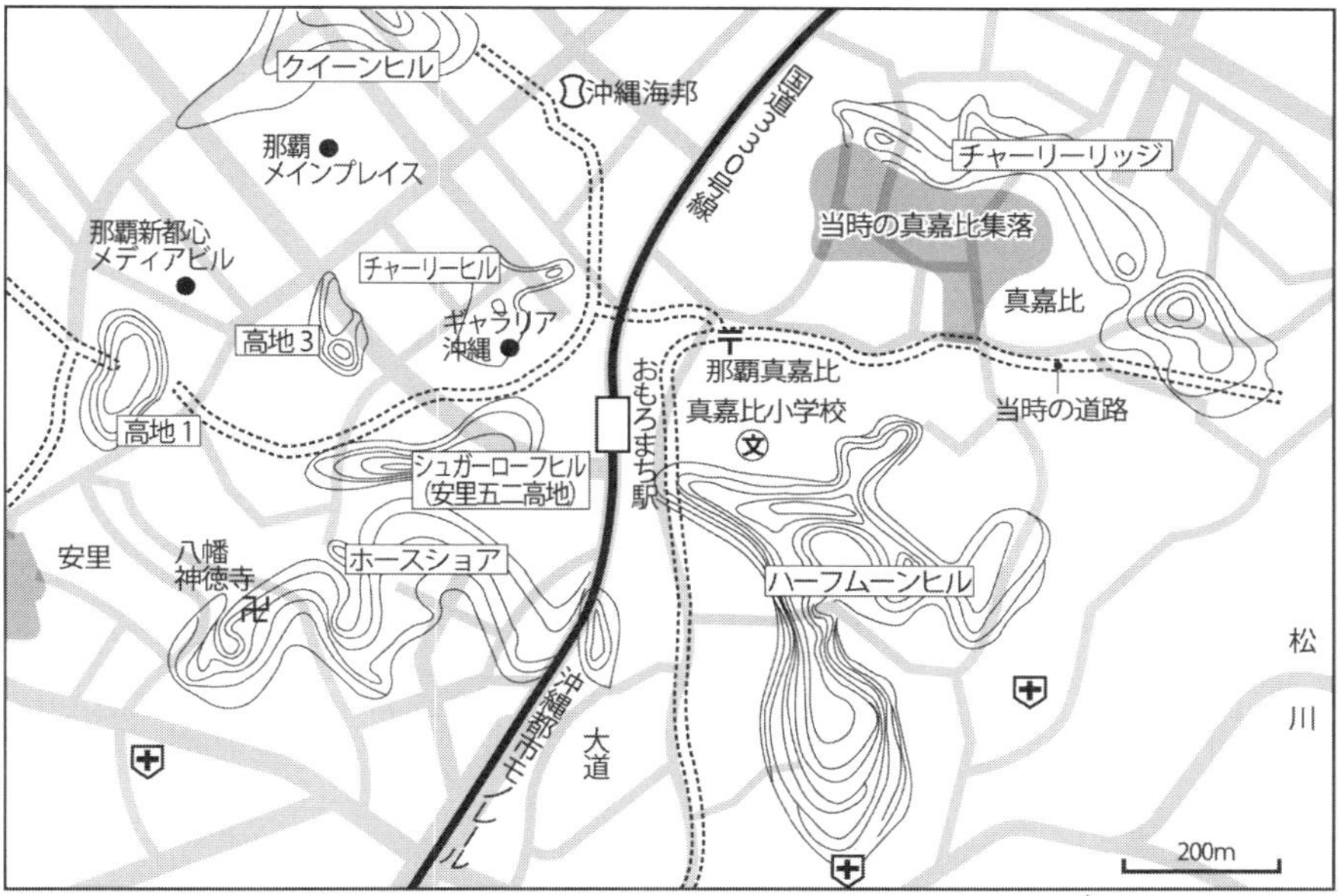

『沖縄シュガーローフの戦い』（ジェームス・H・ハラス著／猿渡青児訳、光人社 NF 文庫、2000）より作成。

＊シュガーローフヒル（安里五二高地）：シュガーローフとは、アメリカ南部地方の菓子パンの名前。丘の形がこれに似ていることからアメリカ軍がつけた名前。

＊陣中日誌：戦場での日々の出来事を部隊ごとに記した日誌。戦時中の詳細な出来事を知るうえで大変貴重な資料になり得る。しかし、敗戦時に秘密を守るため、あるいは自身の不都合なおこないを隠すために焼却処分されたものが多い。

す。「真嘉比と安里五二高地はアメリカ軍に多大な犠牲を強いた激戦地」*といわれていますが、実際には、日本軍の犠牲者数はアメリカ軍を上回っていると思われます。

ぼくは、２００７年の夏から真嘉比の遺骨収集に関わりはじめました。当時、新都心地区からはじまった那覇市の開発工事が真嘉比にまでおよんでいました。ぼくは遺骨が収集されることもなく、再開発によって激戦地が消えてしまうことに危機感を持ち、作業員のいない日曜日に工事現場にもぐり込み、削られた山の斜面や掘り起こされた土砂などを見て歩いていたのです。

ある日、このような遺骨収集に協力してくれていた知人から、「人骨のようなものがある」と連絡が入りました。急いで現場に駆けつけてみると、人間の骨盤《こつばん》の一部が、削られた山の斜面から少しだけ露出していました。その骨には、土の流出防止のための緑色の塗料が吹きつけられていました。

作業した人は、そこに遺骨があると知りながら塗料を吹きつけたわけではありません。骨は白いと考えがちですが、土から掘り出された骨は、土と同じ色をしています。ぼくが、工事業者や役所の人に地面に露出した遺骨を指さして教えても、相手はどこに遺骨があるのかわからず、地面から掘り出して目の前に差し出してはじめて、それが骨だとわかるくらいです。

＊真嘉比と安里五二高地の戦い：首里へ進攻するアメリカ軍に対し、日本軍は安里五二高地に陣を張って抵抗した。戦いは１９４５年５月12日から18日の１週間におよび、沖縄戦の中でも特に激しい戦闘が繰り広げられた。

第三二軍の高級参謀であった八原博道は、自身の手記『沖縄決戦』で次のように述べている。

「……以上の戦闘が続き、十八日ようやくアメリカ軍は「シュガーローフ」を攻略した。この「シュガーローフ」攻防戦に要した十日間（ママ）に、第六海兵師団は二千六百六十二名の死傷者と千二百八十九名の精神病者を出した。沖縄作戦中、アメリカ軍は万をもって数える多数の精神病患者を出した。それは自らの激烈な艦砲射撃、爆撃、砲撃に圧倒されアメリカ軍第一線将兵が半狂乱状態に陥ったもので、いかにその大量の火薬の作製がものすごかったかを示す一証左である」

この戦闘では日本側の統計がなく、正確な犠牲者数は不明だが、この戦闘に参加した約６０００名の日本軍は、アメリカ軍を苦しめたものの多大な損害を受けており、数千名の犠牲者が出たと推測されている。

沖縄では、骨片とよく似たサンゴのかけらが*土に混じっていますから、ぼくでも手で感触と重量を確認しなければ、それが人骨なのか珊瑚のかけらなのかわからないこともあります。

真嘉比でも「鉄の暴風」が吹き荒れた

さて、骨盤はこの破片だけなのでしょうか。それとも骨盤全体が埋まっているのでしょうか。あるいは全身の骨が埋まっているのでしょうか。はやく確かめたいという気持ちをおさえ、まずは周辺調査からはじめました。

周辺調査は、遺骨収集の前にはかならずおこないます。

骨盤は、北東に面した丘の斜面を削り取った断面に露出していて、地表から30センチメートルくらいの深さに埋まっていました。遺骨の下の層とその上に堆積した層では色が若干異なっていました。色の違う下層と上層は、稜線に沿ってほぼ並行につづいていました。金串で土を突きさしてみると、骨盤の下にある土は固く、骨盤の下には遺物がありませんでした。このことから、骨盤が出てきた場所は沖縄戦当時の地表であることがわかりました。

また、骨盤の上に積もった土砂からは、砲弾の破裂片や小銃の実包が半分埋まっ

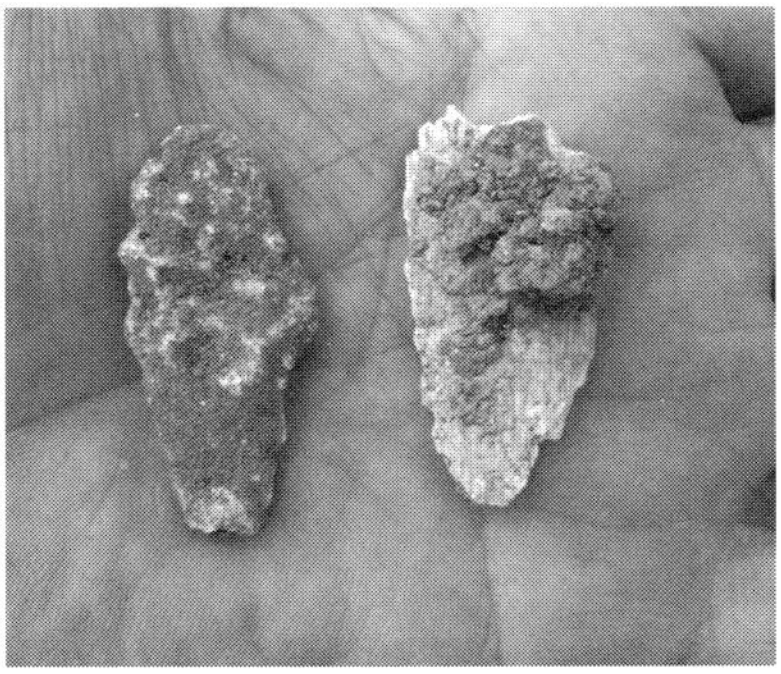
＊左がサンゴ、右が遺骨片。

た状態で顔を出していました。日本軍のものかアメリカ軍のものか確認するために掘り出してみると、ルイス式機関銃の実包*で、珍しいタイプであることが確認できました。弾頭近くに鉄さびが付着していることから、円盤式の弾倉《だんそう》*に装着してあったものから脱離したものと考えられました。

砲弾破片などの戦争遺物を含む層の状況を確認すると、見える範囲では全体に均一にひろがっていて、戦後、土木工事やがけ崩れなどはなかったと考えられました。

砲弾の破片をひとつひとつ収集して種類を確認してみました。その結果、アメリカ軍の戦艦から発射された5インチ艦砲弾の弾帯《だんたい》*片のほか、上陸した砲兵隊の大砲から発射された１０５ミリ榴弾《りゅうだん》*の破片、歩兵部隊の60ミリ迫撃砲《はくげきほう》*弾の尾部のフィン、Ｍ1ガーランド小銃または機関銃の弾頭、ＭＫⅡ手榴弾の外殻《がいかく》破片などが見つかりました。

これらの破片を確認するだけでも、真嘉比の丘での戦闘で、アメリカ軍は所有する兵器の種類のほとんどをつぎ込んだことがわかります。海上の戦艦からの遠距離砲撃、陸上の砲兵隊からの中距離砲撃、味方の頭上を飛び越して前方の敵を攻撃する近距離砲撃、アメリカ軍歩兵による銃撃、そして手榴弾が届く距離での超接近戦です。あらゆる戦法が使われていました。ただし、白燐手榴弾《はくりんしゅりゅうだん》*の破片が確認でき

***ルイス式機関銃の実包**：ルイス式機関銃は、第一次世界大戦中にイギリスで生産された機関銃。日本軍では海軍が九二式七粍七機銃（ルイスの頭文字から留式7.7ミリ機銃とも）として採用し、第二次世界大戦でも広く使用した。初期には輸入していたが、後に国産され、終戦まで使用された。

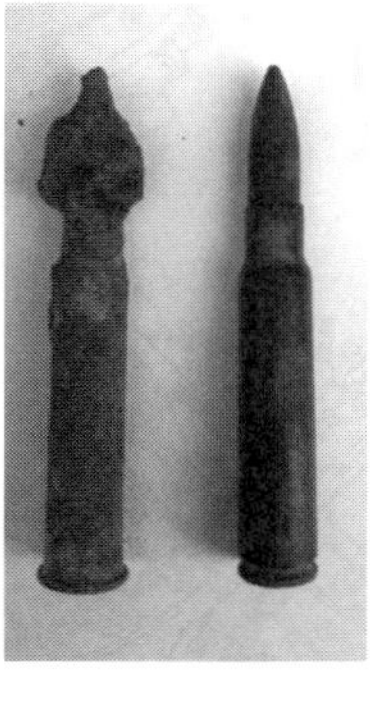

***円盤式の弾倉**：銃の上部に水平に装着する円盤状の弾倉。弾倉が回転しながら連続して弾丸が発射される。

***弾帯**：砲弾の外周部に巻かれたリング。発射時に弾丸に回転を与え弾道を安定させると同時に、発射火薬の燃焼ガスが前方にもれるのを防ぐ効果もある。

***榴弾**：内部に火薬が詰められた砲弾。破裂時の破片でも人や動物を殺傷する。離れた敵に攻撃を加えるような目的で用いられることが多い。しかし、小さかったり動く目標を直撃することは難しく、兵士や軽車両、通常の建物などを破壊するのに向いていて、戦車などの堅固な目標は直撃しない限り撃破できない。

***迫撃砲**：大口径だが砲身の短い軽便な砲。弾道が放物線を描いて落下するの

ないことから、ここでの攻撃が対壕《ごう》戦ではなく、地上戦であったことが裏付けられます。

寛骨が見つかったこの斜面は北東に面しているため、北から侵攻してくるアメリカ軍の攻撃を真正面から受けたのでしょう。粘土質の土から出てきた小銃弾の多くも、南西方向を向いて突き刺さっていました。

この調査でおどろいたのは、アメリカ軍の銃弾・砲弾破片の多さでした。縦２・５メートル横６メートルの面積から、発射痕のある小銃弾が40個あまり、砲弾の破片が約２８０個も出てきました。沖縄戦を生き残った人たちがアメリカ軍の攻撃の激しさを「鉄の暴風」と形容しますが、この現場を見る限り、それは決してオーバーな表現ではありませんでした。

いよいよ遺骨を掘り出す

遺骨を掘り出す前に、もうひとつやるべきことがあります。警察への連絡です。近くの交番に連絡して警察官に現場で立ち会ってもらい、出土した人骨が事件性のない、戦争時の遺骨であることを確認してもらうなど、所定の手続きをすませました。警察官に聞くと、工事現場からは不発弾などの通報がよくあるそうで、警察官

で、塀などでさえぎられた内側を攻撃できる。弾丸は通常砲口から装填する。

＊**白燐手榴弾**：黄燐手榴弾に同じ。29ページ参照。

もここが激戦地であったことをよく知っているようでした。

警察への通報がすむと、いよいよ遺骨の収集作業に取りかかりました。骨盤は斜面の途中に露出しているので、骨盤の上に堆積した土砂を小さなクワとねじりカマ*を使って取り除きながら、掘り進めました。すると、なにか金属製の遺物が見つかりました。日本海軍の水筒*でした。そこで、遺骨は海軍陸戦隊《かいぐんりくせんたい》*の兵隊と推定されました。

さらに掘り進めていくと、骨盤の真んなかにある仙骨《せんこつ》*が出てきましたが、亀裂が入って激しく劣化していました。骨盤から右に15センチメートル離れたところからは、左大腿骨《だいたいこつ》と膝蓋骨《しつがいこつ》*が出てきました。しかし、大腿骨頭部の関節の丸い部分が欠けていました。その大腿骨のさらに右側に、足のかかとの骨と頭蓋骨の破片がありました。

上半身は2つの部分にわかれて出てきました。骨盤から左に30センチメートルほど離れたところに、胸椎《きょうつい》*2個に肋骨がきれいにくっついたあおむけ状態のものと、胸椎3個に肋骨が垂直にきれいにくっついたままの状態のものでした。そのほか、上腕骨ひじ部分の破折骨、さらに首の骨が見つかりました。これが出てきた遺骨のすべてでした。

*ねじりカマ。

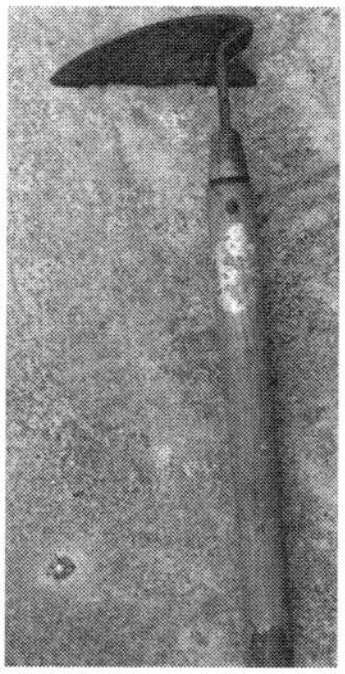

*遺骨とともに出てきた日本海軍の水筒。キャップの形状、およびくさりがついていることから、日本海軍の水筒であることがわかる。水筒には銃弾が貫通した穴が開いていた。

***海軍陸戦隊**：日本海軍が編成した陸上戦闘部隊で、戦争が拡大するにつれ、島々や局地的な防衛の必要から、警備隊や防衛隊などの名称で陸戦隊がつぎつぎと編成された。

***仙骨**：腰の部分にある二等辺三角形の骨。尾骨とともに骨盤の後ろの部分を構成する。

遺骨全体の配置状況を考えると、頭蓋骨片の位置以外は、足先から腰、胸、首へとなんとか人体としての連続性は保っているものの、ばらばらに引きちぎられてしまっているようでした。通常、人間が地表で横たわって死んだ場合、日数の経過とともに肉が腐乱するため、肋骨《ろっこつ》が胸椎に対して垂直に立っていられなくなり、倒れて平べったくなってしまいます。一方、掘り出された遺骨の上半身が、それぞれ胸椎と肋骨がつながっていて、さらに肋骨がまだ垂直について立体性を保っていたことから、ふたつにわかれた胸の部分が、被弾と同時か、あるいは腐乱する前に土をかぶったと考えられます。大腿骨の定位置にくっついていた膝蓋骨も同じでしょう。

ただし、遺骨全体が劣化が激しく、取り出そうとすると崩れてしまいました。これは単に年数の経過による劣化では説明がつきません。直撃弾か至近弾による強力な爆圧を全身に受けた結果だと思われます。

胸ポケットに残されたジーファー

もうひとつ注目した遺物は、女性用のかんざし*でした。左の胸の位置から見つかったことから、生前、ポケットに忍ばせていたのでしょう。

このかんざしは沖縄の年配の女性が使うもので、沖縄では「ジーファー」と呼ば

＊膝蓋骨：ひざの関節の前側にある皿状の骨。俗に「ひざのさら」という。

＊胸椎：脊椎《せきつい》のうち、頸骨《けいこつ》の下、8番目から19番目まで。肋骨と接続している部分。

＊かんざし：88ページ写真㉜参照。

れています。以前、ぼくたちが聞き取り調査をおこなったとき、出征《しゅっせい》する息子に、母親がお守りとして普段から身につけていたジーファーをもたせたという証言がありました。この遺骨は、沖縄出身の兵隊なのでしょう。

このジーファーを息子にもたせた母親は、住民の4分の1が亡くなったといわれる沖縄戦を生き延びることができたのでしょうか。もし生き延びることができたのなら息子が帰ってこない悲しみをどのように耐えたのでしょうか。作業をしながら、この遺骨のことを沖縄戦遺族に知らせれば、心あたりのある人が名乗り出てくれるかもしれない。ぼくは、真嘉比での遺骨収集を決心しました。

ぼくは迷うことなく新聞社へ連絡し、ジーファーといっしょに見つかったこの遺骨のことを話し、真嘉比での遺骨収集の必要性を訴えました。それは15年前、この真嘉比のとなりにある安里《あさと》五二高地（シュガーローフヒル）で悔しい思いをしたことがあり、以来、新聞やテレビとも正面から向き合うことを決めていたからでした。

トラックで土砂とともに運び去られてしまった遺骨

安里五二高地（シュガーローフヒル）でした悔しい思いというのは、つぎのようなできごとでした。

21年前の1991年、那覇市北部の新都心地区がまだ原野だったころ、安里五二高地の開発事業がはじまり、丘の斜面が削り取られていました。

ぼくは作業員のいない日曜日に工事現場に入ってみました。するとそこにはアメリカ軍の無線機器の破片や、背嚢《はいのう》*の金具、つぶれた水筒*、アメリカ軍の小銃の残骸や日本軍の軍靴の底、ベルトのバックル、軍服のボタンなど、日米両軍の装備品が無数の破片となって遺骨とともに散乱していました。

「こういうときはどうしたらよいのだろう」。ぼくはその場にすわり込んでため息をついて考え込んでしまいました。それまでぼくが遺骨収集作業をおこなってきた場所といえば、ジャングルの中や、ガマの奥深い場所といった人の目をまったく気にすることのないところだけでした。そこでは、いくらでも時間をかけて遺骨をさがすことができました。

しかし、このような街なかで、しかも工事業者の管理下にある広大な土地に埋まった遺骨はどうすればいいのだろう。工事現場で勝手に掘っていいのだろうか？　今日一日かけても、ぼくひとりでどれだけ掘れるだろうか？　つぎの日曜日も現場に無断で入ることができるだろうか？　現場の管理者に「遺骨収集をさせてくれ」といえば理解されるのだろうか？

＊背嚢：携帯品を入れる厚手の布でできたカバン。写真は著者使用のもの。

＊アメリカ軍のつぶれた水筒：安里五二高地（シュガーローフヒル）での戦闘ではアメリカ軍にも被害が出たことがわかる。

いずれにしても、ひとりでできる作業量ではないことははっきりしていました。「明日は市役所へ電話しよう」。ぼくは、斜面に露出した無数の遺骨に向かって一礼して現場を後にしました。

翌日、意を決して市役所に電話をかけました。

「安里五二高地の工事現場に遺骨がたくさん露出していて、ひとりではとても収容できないので、市のほうで収集してもらえないでしょうか」

電話の相手は無言でした。もう一度同じことを伝えると、今度は「はい」とも「いいえ」ともつかないことばが返ってきました。ぼくは、自分が変な人だと思われていいような気がしてきてすっかりしょげ返り、「もう結構です」といって受話器を置きました。

その後しばらくは、安里五二高地のことは考えたくもありませんでした。そのうちに工事現場全体が背の高い鉄板で囲われ、中は見えなくなってしまいました。それとともに、ぼくは安里五二高地のことを気にしながらも、浦添《うらそえ》にある病院壕跡での遺骨収集に専念していきました。

やがて、遺骨を含んだ土は何台ものトラックでどこかへ運び去られ、安里五二高地周辺は、無数の人間の血と命を吸い込んだ土から亡骸《なきがら》を取り出すという、戦争の

＊再開発工事後の那覇新都心。この地が激戦地だったおもかげはない。

犠牲者に対する慰霊と償いの行為をすることもないままに、「那覇新都心」として近代的な街＊に変貌していきました。

ぼくは、それ以来、安里五二高地の遺骨を助けることができなかったという悔しさと後ろめたさを抱えつづけていました。ですから、「開発」が真嘉比に及んできたとき、ぼくは今度こそ開発を止めてでも遺骨収集をやろうと決心したのです。

みずから「ガマフヤー」を名乗るようになる

ぼくが、真嘉比での遺骨収集を決心したのには、もうひとつのきっかけがありました。それは糸満市《いとまんし》新垣《あらかき》のガマでの体験でした。

ガマのなかをしらべると、日本軍の鉄帽が出てきました。鉄帽の中には海綿状の黒い炭のようなものがつまっていました。何だろうと思い、指でつまんで手のひらにのせてよく見ると、それは柔らかく、指でつまんだ部分がへこんでしまいました。

まさかと思い、鉄帽の中をよく見ると金縁の眼鏡がありました。鉄帽につまったやわらかいものは、頭蓋骨でした。まわりの壁をライトで照らしてみると、ガマの壁の赤土は高温で焼かれてレンガ化していました。アメリカ軍の火炎放射器の攻撃を受けたガマだったのです。

兵隊は火炎放射器で炭化するまで焼かれ、長い年月で風化し、触ると崩れる炭と化してしまったのです。ただ悲惨な光景に、ことばも出ませんでした。

この新垣のガマでの体験からしばらくして、沖縄戦の遺族が書いた手記を読みました。手記には、出征した息子を戦場で亡くした母親が、ある日突然「お母さん、助けて。熱い、熱い」と叫ぶ息子の声を聞くようすが克明に書かれていました。

新垣の壕内の炭化した頭蓋骨と手記とはなんの関係もありません。それでもぼくには、手記の叫びがあの頭蓋骨の叫びに思えてしかたがありませんでした。

遺骨の声なき叫び。これまでいくつもの発掘現場で、その叫びを聞いてきました。それは、遺骨をみずからの手で拾い上げた者にしか聞こえない叫びでした。それならぼくが、遺骨の声なき叫びを伝えよう。

それからぼくは、自分のことを沖縄の方言で「ガマを掘る人」という意味である「ガマフヤー」と名乗るようになったのです。

第5章　遺骨収集作業を市民の手で

市民参加の遺骨収集を呼びかける

真嘉比《まかび》の開発工事現場から遺骨が出てきたというニュースが２００７年12月13日の「琉球新報」に掲載され（次ページ参照）、インターネット版にも載りました。その翌日には、真嘉比での遺骨収集作業の必要性を訴えたぼくの投書が掲載されました。

新聞で報道されたことで、那覇市の開発工事担当部所が遺骨の出土現場を確認にやってきました。ぼくは那覇市に対して、遺骨収集の必要性を訴えると、数日後、市から「話し合いがしたい」と連絡がきました。

那覇市の担当者は、「遺骨収集は厚生労働省がおこなっています。沖縄においては県の福祉保健部援護課がそれを代行しています。しかし、残念ながら那覇市には遺骨収集のための予算がないのです」と、予算がないことを理由に、市が遺骨収集をすることはできないと強調しました。

ぼくは、市にお金を出してもらおうと考えていたわけではありませんでした。ただ、「工事現場でボランティアが遺骨収集をすることを認めてくれればそれでよい」と思っていました。あきらめずに交渉した結果、本格的な掘削工事がはじまるまで

戦後62年今なお

日本兵か　遺骨、砲弾…次々

那覇市の真嘉比地区

具志堅さん（右）らが発掘した日本兵のものと思われる遺骨。大腿骨がそのままの状態で土中に残る＝那覇市真嘉比地区

真嘉比古島区画整理事業として新都心周辺で開発が進む那覇市の真嘉比地区で、日本兵のものと思われる人骨や水筒、砲弾などが多数見つかっている。沖縄戦遺骨収集団体「ガマフヤー」の具志堅隆松さん(五三)＝那覇市＝らが十一月から同地区で収集作業する中で発見した。具志堅さんは「那覇市内で遺骨収集できる最後の場所ではないか」と話し、平和学習や戦没者慰霊の視点から、開発工事が進む前に市民参加型の遺骨収集の機会を設けるよう那覇市に働き掛けている。

具志堅さんら発見

ボーイスカウトリーダーだった具志堅さんは二十五年前、県外から訪れた遺骨収集団の案内で遺骨収集に携わるようになった。その後も継続してきており、最近では都市開発で遺骨収集が困難になる可能性の高い地域を優先的に回り、遺骨を見つけ出している。

具志堅さんらは十一月中旬、沖縄戦で日米両軍が膨大な死傷者を出した安里の五二高地（シュガーローフヒル）の日本軍支援陣地だった真嘉比地区周辺で発掘作業をした。土を掘り起こしてみると埋もれていた大腿《だいたい》骨や肋骨《ろっこつ》、頭がい骨の一部など複数の人骨が見つかった。

周辺に水筒や仁丹入れなどがあったことから日本兵の遺骨だと推測され、沖縄では出兵する息子に母親がお守りとして渡したジーファー（かんざし）も見つかっていることから、具志堅さんらは遺骨は沖縄の兵士だった可能性があるとみている。「ほかの地域で見つかる十倍以上の量」（具志堅さん）の銃弾も見つかり、戦闘の激しさを物語っている。

「親や親類に見つけてもらえたら一番良かったのにと思いながら掘っている」という具志堅さんは、遺骨の前に飲み物の入ったコップを供えた。初めて遺骨収集に参加した福島政明さん(二九)＝那覇市＝は「むき出しの骨盤を見つけた時、重さを感じた。戦死した祖父の遺骨もまだ見つかっていない」と話した。

（仲西真希）

真嘉比での遺骨出土を伝える新聞記事
（「琉球新報」、2007年12月13日付）。

の期間に限って遺骨収集をしてもよいことになりました。

市が遺骨収集作業を許可してくれたのはよいのですが、これだけ広い土地の遺骨収集をひとりでするなどとてもできません。じつはそのころ、ぼくはまだひとりで遺骨収集をしていたのです。

どうしたらよいか考えた末、遺骨収集への参加を市民に呼びかけることにしました。遺骨収集作業に多くの市民が参加すれば作業期間を大幅に短縮することができますし、何より、真嘉比がいまも遺骨の埋もれる激戦地であったことをより多くの人びとに知ってもらうことができると考えたのです。ぼくは新聞に投書したり、パンフレット（次ページ参照）をつくったりして参加者を募集しました。

こうして、２００８年6月22日、真嘉比の丘で、市民が参加したはじめての遺骨収集が那覇市との共催でおこなわれました。当日の参加者は50人あまり、さえぎるものが何もない丘には、夏の強い日差しが照りつけていました。そんななか、参加者たちは戦没者に救いの手を差しのべようと一生懸命掘り進めました。参加者の気持ちに応えるように、つぎつぎと戦没者の遺骨が出てきました。それは、ぼくがたったひとりでおこなってきた遺骨収集とはまるで違う、感動的な光景でした。

実施要綱

「平成２０年度那覇市平和事業」

那覇市真嘉比地区・市民参加型遺骨収集

目　的：戦時中の地層が残っている那覇市土地区画整理事業「真嘉比古島第二地区」では、今なお戦没者の遺骨が眠っていると推測される。
そのため、那覇市区画整理課の協力を得て、那覇市と沖縄戦遺骨収集ボランティア「ガマフヤー」により、平和学習の一環として、市民参加型の遺骨収集作業を行い、戦没者の慰霊と沖縄戦を考える機会とする。

日　時：平成２０年６月２２日（日）午前９時～午後３時（前日雨天の場合は中止）
※作業時間は、参加者の都合に応じて対応する。
※「ｶﾞﾏﾌﾔｰ」主催で、15:15から現場慰霊祭を実施する。（自由参加）

場　所：那覇市真嘉比区画整理地内　※裏面の地図を参考にしてください。

主　催：沖縄戦遺骨収集ボランティア「ガマフヤー」
共　催：那覇市
後　援：那覇市ＮＰＯ活動支援センター

参加費：１００円（保険料込み）

募集事項：次の①②③の参加方法で募集します。（①及び②は参加費必要）
①遺骨収集発掘作業（※足場の悪い傾斜地での作業が可能な方に限る）
募集人数：先着順３０名（高校生以上対象。ただし親子同伴参加は可）
②現場見学　【第１回】10：30開始　募集人数：20名
【第２回】13：30開始　募集人数：20名
③収骨袋の提供（袋のｻｲｽﾞは裏面を参照）　※参加費不要

参加条件：①個人参加のみとする（団体参加・申込は募集していない）
②会場内において、「のぼり旗」、「横断幕」、「チラシ配布」等の所属団体等のアピール活動などは行わないこと。

服　装：長袖、長ズボン、作業靴（長靴や靴底がデコボコしている靴でも構わない）

持参する物：軍手、日よけ帽子、タオル、虫除けスプレー、

申込方法：電話（市役所861-5195）にて受け付けて、定員に達し次第、締め切ります。
那覇市平和交流男女参画室　担当・仲宗根
TEL８６１－５１９５

※駐車場は１５台程度しか確保できません。先着順で駐車となりますので、あしからずご了承ください。
また、出来る限り、モノレール、バス等交通機関をご利用ください。

遺骨収集への参加を呼びかけるパンフレット。

参加者全員で「故郷《ふるさと》」を合唱

それまで、遺骨を掘り出すのも運ぶのも納骨するのもぼくひとりでした。「こんな人もこない場所に埋もれているよりは、たくさんの人が手を合わせにくるところへお連れしたいのですが、いいですか？」といって、遺骨をガマやジャングルから掘り出し、摩文仁《まぶに》の国立沖縄戦没者墓苑*に納骨していました。それでもまったくの他人であるぼくが、だれの立会いもなく納骨してしまうことにいつも悩んでいました。もし、沖縄戦の遺族が納骨に立会っていたならば、肉親の遺骨とめぐり会えたかもしれません。そう考えると、遺族のかかわりなしに納骨してしまうことに、罪の意識にも近いためらいを感じていたのです。

けれども、真嘉比での遺骨収集作業はそれとは対照的でした。遺骨が徐々に浮かび上がるように掘り出されるさまを、50名あまりの参加者が作業の手を止めて静かに見守るのです（次ページ写真参照）。それは、小鳥のさえずりさえ大きく響くような静けさでした。参加者は、写真を撮ろうと色めき立つこともなく、となりの参加者とことばを交わすこともなく、横たわる遺骨をただ見つめていました。

参加者が遺骨を見る目はやさしさそのものでした。決して怖いものを見る目では

＊国立沖縄戦没者墓苑：摩文仁の平和祈念公園内にあり、1979年に創建され、那覇市識名《しきな》の戦没者中央納骨所から遺骨が移された。ここには18万余の遺骨が納められている。

参加者に見守られ、土の中から遺骨が姿を現す。

ありません。たくさんのやさしい目にかこまれ、ぼくひとりしか看取るもののいなかったそれまでの遺骨に比べて、なんと幸せな遺骨でしょう。

ぼくは、この日取材にやってきたテレビ局のカメラマンにも、「この人が故郷のテレビに映ったら、この人は故郷に帰ったことになります。だから『電波に乗って家に帰ってください』と念じながら撮してください」とお願いしました。

日本人は、死者の尊厳を守るために遺体や遺骨をむやみに人目にさらすのはよくないと考えます。しかし、身元がわからないため故郷に帰すことができないのであれば、少しでも縁のある人びとが立ち会い、テレビや新聞などを通して遺族と対面できるようにと祈ることも、立派な弔いの方法ではないでしょうか。

1日の収骨作業が終わり、参加者が線香を手向けた後、遺骨の御霊《みたま》が故郷に帰れるようにという祈りを込めて、全員で「故郷《ふるさと》」を唱いました。

遺骨収集が金もうけの事業になっている

2回目の市民参加型遺骨収集は、8月3日におこなわれました。この日の参加者はおよそ40人でしたが、昼食をすませ、作業を再開しようというときになって大雨になってしまい、全体作業は中止、解散することになりました。

それでも、作業エリア内にあった日本軍の構築壕《こうちくごう》に雨宿りしていた参加者の何人かが手持ちぶさたに足元を掘りはじめました。すると遺骨がつぎつぎと出てきました。結局、この壕からは入り口付近から3体、壕の中央から1体出てきました。

後日、この壕からはもっとやっかいなものが出てきました。「毒ガス弾」です。日本軍の九二式赤弾*と呼ばれる、75ミリ砲の未使用砲弾です。自衛隊による回収後に判明し、このため、真嘉比での遺骨収集は即中止し、那覇市に通報しました。

10月15日、環境省による「毒ガス弾」の調査がおこなわれました。幸いなことに、土壌、地下水、大気とも汚染はされていませんでした。しかし、毒ガス弾が出てくるような現場でたくさんの一般市民に作業をしてもらうわけにはいきません。実際に、中国に日本軍が置き去りにしてきた毒ガス兵器から毒ガスが発生して、いまでも被害者が出ているのです。

じつは、真嘉比での市民参加型の遺骨収集を呼びかけて以来、30人ほどの有志によって沖縄戦遺骨収集ボランティア「ガマフヤー」が自然に生まれていました。そこで、一般市民が参加する遺骨収集作業はあきらめ、「ガマフヤー」の有志メンバーだけで遺骨収集を継続することにしました。

とはいえ、「ガマフヤー」のメンバーも平日は仕事があるため、遺骨収集の活動

＊九二式赤弾：日本軍が使用した毒ガス弾のひとつ。赤弾の赤はジフェニールシアノアルシンというくしゃみ性の毒ガスを意味する日本軍における呼名で、赤弾はその毒ガスを充填した砲弾。（参考：化学兵器CAREみらい基金編著『ぼくは毒ガスの村に生まれた。――あなたが戦争の落とし物に出あったら』合同出版刊）
九二式はこの砲弾を発射する九二式歩兵砲で、鋼鉄製車輪がつけられていてトレーラーなどで牽引して移動した。写真は真嘉比で出土したもの。

に専念できるのは日曜日だけでした。そのうちに那覇市から収集作業を早められないかと催促されるようになりました。掘削工事の着工予定日が迫ってきたのです。

「少数のボランティアによる日曜日だけの作業ではこれが限度です」と返事をしましたが、それでは遺骨収集を許可してくれた那覇市の立場がありません。そこで、本来、遺骨収集の責任をもつべき厚生労働省に作業を依頼しようと、沖縄県庁を訪ねました。

ところが、県庁で話を聞いてわかったことは、国（厚生労働省）がおこなう遺骨収集事業は、土木業者の収益事業、つまり金もうけの仕事になっているということでした。厚生労働省は競争入札で土木業者を選び、事業を委託するというのです。

また、真嘉比のように、すでに開発工事がはじまっている現場でも、別の業者が遺骨収集事業を落札した場合は、開発工事を受注した業者は遺骨収集作業の期間中、現場を明け渡さなければならないというのです。つまり、ひとつの工事現場にふたつの業者が入るのです。ぼくは「それは税金のむだづかいではないか」と抗議しました。それだけでも腹の立つ話でしたが、さらに国の事業では、埋没した壕内の遺骨のみが収集事業の対象になっていて、地上の遺骨は収集しないというのを聞き、ぼくの怒りは頂点に達しました。

「真嘉比はわれわれがどうにかするから、業者に金もうけで遺骨収集をさせないでくれ！」といって、ぼくは席を蹴《け》ってしまいました。ぼくは国に遺骨収集を依頼しにいって、「やるな」といって帰ってきてしまったのです。

反省と謝罪の気持ちが感じられない

国は、よき父親、将来ある若者を赤紙《あかがみ》＊一枚で家族から引き離し、兵隊に仕立て、戦地へ送り、戦死させてもその遺骨を家族のもとへ帰すことすらせず放置してきたのです。その遺骨を収集するのに、地表の骨は対象にしないとか、営利事業として業者にまかせるなどという国の姿勢に、ぼくはとうてい納得できませんでした。

とりわけ沖縄戦では、兵隊だけでなく、兵隊を上回る数の住民が戦闘に巻き込まれて犠牲になっています。軍隊によって守られるべき住民が、保護されるどころか、ガマから「鉄の暴風」が吹き荒れる外へと追い出され、食糧を奪われ、幼児を殺され、「集団自決」を強いられたのです。

だからこそ、住民の犠牲者の遺骨収集については、兵隊以上の配慮があってしかるべきです。しかし、国は住民の遺骨についても、兵隊の遺骨についても、その収集に本腰を入れているようにはとうてい思えません。国の遺骨収集の考え方からは、

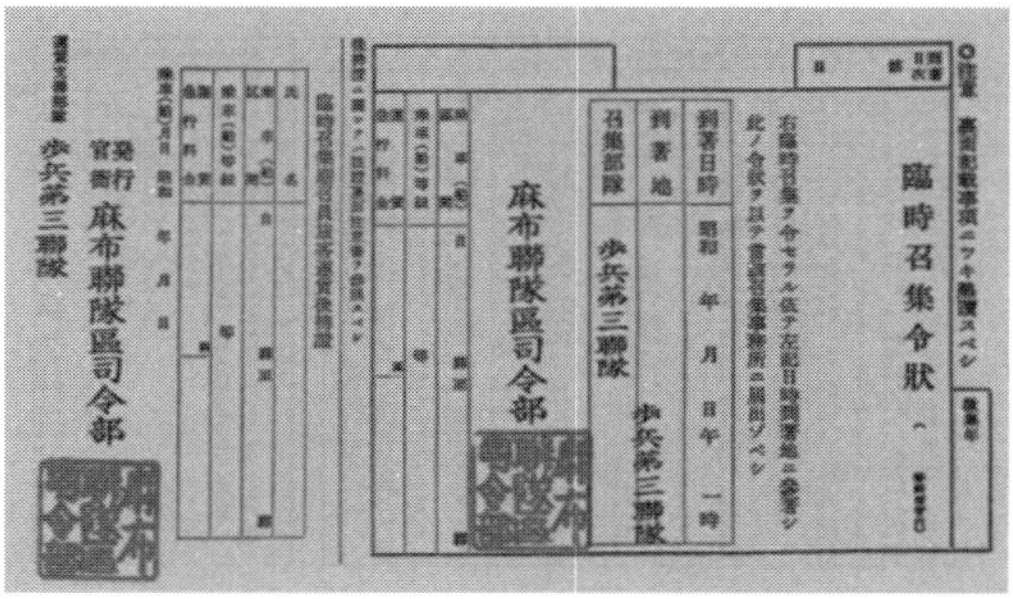
臨時召集令状
右臨時召集ヲ令セラル依テ左記日時到着地ニ参着シ此ノ令状ヲ以テ當該召集事務所ニ届出ヅベシ
到着日時　昭和　年　月　日午　一時
到着地
召集部隊　歩兵第三聯隊
麻布聯隊區司令部
発行官衙　麻布聯隊區司令部
歩兵第三聯隊

＊**赤紙《あかがみ》**：正式には「臨時召集令状《りんじしょうしゅうれいじょう》」という。赤い紙に印刷されているのでこう呼ばれた。１９４５年の敗戦まで、男子は20歳になると徴兵検査が義務づけられた。検査に合格すると翌年の1月10日に入隊し2年間の従軍生活を送る。その後は在郷軍人（予備役）として一般の生活を送りながら召集されれば入隊しなければならない。臨時召集令状(赤紙)は、在郷軍人を急遽《きゅうきょ》軍隊に召集するための令状で、平和に暮らしている人のもとに突然配達される。それは一度だけでなく、無事に退役しても戦争が終わるまで何度も召集される例もあった。写真は教材用につくられたレプリカ。

戦争に対する反省と戦没者への謝罪の意思がまったく感じられないのです。

そして、もうひとつぼくが怒りを感じたのは、その遺骨収集の方法に対してでした。「ガマフヤー」は、すべて人の力だけで土を掘り、遺骨が見つかれば、それを動かさないように、竹串とはけで遺骨のまわりの土を少しずつ取り除いていき、遺骨を浮かび上がらせていきます。*

遺骨が仰向けなのか、うつ伏せなのか。男性なのか、女性なのか。骨は全部そろっているのか。住民なのか、兵隊なのか。名前のある遺品がポケットの位置にあるか、ないか。こうしたことを確かめるためです。名前のある遺品がいっしょに見つかれば、家族の元へ帰る望みが出てきます。最期の姿を見てもらうこともできます。最期の姿を看取ってあげるのも供養の内だと考えるからです。

それに対し、国の遺骨収集事業を請け負った業者の作業現場では、工事用のショベルカーで大量の土砂を削り取って広い場所に積み上げ、それを作業員がベルトコンベアに乗せて遺骨を探していました。これでは、もし氏名が刻まれた万年筆が出てきても、どの遺骨といっしょに埋まっていたのかしらべようもありません。国にはそもそも、収集した遺骨は遺族のもとへ帰さなければならないという発想がないのでしょう。これはどうしても改めて欲しい点です。

*沖縄戦遺骨収集ボランティア「ガマフヤー」の遺骨収集作業。一体一体ていねいに掘り出す。

「遺骨収集を雇用支援に」連絡協議会を結成

真嘉比の遺骨収集に話をもどしましょう。ぼくの怒りは、県庁での陳情から自宅にもどってもまったくおさまりませんでした。どうすれば遺骨収集を金もうけの対象から外すことができるだろうか？　ぼくはそのことを考えはじめました。

広大な現場を、日曜日だけのボランティアで作業することはできません。要するに、毎日はたらいてくれる人がいればよいのです。だったら、ぼくのまわりにも仕事なくて困っている人がたくさんいるじゃないか！　と気づきました。アパートの家賃が払えなくなって追い出され、家族もばらばらになりホームレスになった人もいます。本土から沖縄に来たホームレスもたくさんいます。そんな困っている人たちが、遺骨のためにはたらいてくれたら遺骨もよろこんでくれるのではないだろうか――。

現代の社会的弱者であるホームレスが、戦争犠牲者に救いの手を差し伸べることで、ホームレス自身が救われる、そのような構図を描き出すことができないだろうかと考えました。

那覇市には、ホームレスを支援する「プロミスキーパーズ」というＮＰＯ法人がありました。ぼくはすぐに「ガマフヤー」のなかまと相談し、プロミスキーパーズに、沖縄戦戦没者の遺骨収集をホームレスの人びとの雇用へとつなげる計画を伝えると、すぐ賛同を得られました。

さらに那覇市のNPO団体を支援する「那覇市NPO活動支援センター」にも参加を呼びかけ、「ガマフヤー」とNPO法人プロミスキーパーズ、それに那覇市NPO活動支援センターの三者で「遺骨収集を雇用支援に」NPO連絡協議会を結成することになったのです。

2009年2月7日、マスコミに呼びかけて合同記者会見を開き、連絡協議会がホームレスや失業者を募集するので、国が彼らを雇用して遺骨収集事業をおこなってほしいとアピールしました。「ガマフヤー」はボランティアとしてこの事業に無償で協力することも合わせて発表しました（64ページ参照）。

3月5日には、同じ内容を沖縄県を通じて国にも伝えました。それからおよそ1カ月後、ある国会議員の仲介で厚生労働大臣と面会することになりました。

ぼくが連絡協議会としての要望を伝えると、厚生労働大臣から「沖縄の戦後処理と雇用対策が同時にできるのはとてもよい提案です。国も協力しますので緊急雇用創出事業*として進めてください」と返事がありました。

***緊急雇用創出事業**：失業者の救済を目的とする事業。当時の麻生内閣のもと、厚生労働省が予算を付けて本格的に実施されるようになった。「緊急雇用創出推進事業」という名称はこれ以降用いられた。

それまで、ぼくがひとりでできるだけ人に見られないようにやってきた真嘉比での遺骨収集が、ホームレスや失業者のために、そして土に埋もれて助けを待っている戦没者のために、国の制度を活用した事業として実施されることになったのです。ぼくは安里《あさと》五二高地（シュガーローフヒル）の助けられなかった遺骨の方たちにも少しは報いることができたのではないかと思い、後ろめたさから多少解放されたような気持ちになりました。

「遺骨収集を雇用支援に」ＮＰＯ連絡協議会はすぐに、ハローワークを通じて遺骨収集作業の作業員の募集をはじめました。そして、２００９年10月9日から12月10日までの2カ月間、厚生労働省の緊急雇用創出事業として、遺骨収集作業がおこなわれました。作業員として雇用されたのは、ホームレスや失業者、生活保護受給者合わせて55名でした。

遺骨収集の現場となったのは、真嘉比小学校の裏手の丘、およそ７０００平方メートルでした。この丘は沖縄戦当時、アメリカ軍がハーフムーンヒル（37ページ図参照）と呼んでいた丘でした。

次の章では、実際の発掘作業の写真をお見せしながら、遺骨や戦争遺物について説明していきましょう。

第３種郵便物認可

遺骨収集で雇用対策を

NPO団体　協議会発足目指す

遺骨収集作業を緊急雇用対策にしてはどうか―。那覇市真嘉比の区画整理地区で市民参加型遺骨収集に取り組む「ガマフヤー」（具志堅隆松代表）とホームレスの自立支援などに取り組むNPO団体プロミスキーパーズ（山内昌良代表）、NPOの活動を支援する那覇市NPO活動支援センターが遺骨収集作業の雇用化に向けた協議会発足に取り組んでいる。二月中に市や県へ、実施に向けた協力を要請するという。

ガマフヤーは日曜日にボランティアメンバーが遺骨収拾作業に当たっている。具志堅代表は「工期を考えると、常時二十人は必要だが、現状では難しい」という。国が業者に委託している遺骨収集事業を緊急雇用対策に組み込むよう提案している。

県母子寡婦連合会や福祉作業所などにも参加を呼び掛けたいとし、那覇市も前向きな意向を示しているという。

同市区画整理課の仲間好彦課長は「地主への受け渡しもあるので遺骨収集が早く済むのであればいい。実現できれば、協力したいと思う」と話した。

具志堅代表は「多くの人による尊厳ある遺骨収集を市民の手で行いたい」と協力を求めた。山内代表も「いいアイデアだと思うし、意義があること。ぜひ協力したい」と期待した。

NPO活動支援センターの稲垣暁さん（48）と小坂亘さん（32）は、事務的作業や調整役となり、協議会発足を後押しすると述べ、「情報発信などオープンにやらなくてはいけない。自治体とNPOがそれぞれ動きやすい仕組みや環境づくりに協力したい」と意気込んだ。

合同記者会見のようすを伝える新聞記事（「沖縄タイムス」、2009年２月８日付）。

第6章　掘り出された遺骨や戦争遺物たち

真嘉比での作業風景――写真①

写真①は、真嘉比《まかび》での遺骨収集事業がはじまって間もなくのころの作業風景です。作業は丘の頂上部分から着手しました。これは開発工事を進める都合で那覇市と話し合って決めたことです。頂上の樹木の伐採が終了した後に、作業員が横一列になって地表面の調査にかかったときのようすです。写真の手前に見える石材やがれきは、取り壊したお墓です。

戦後、真嘉比一帯は墓地となったため、住宅地として開発されることがありませんでした。そのおかげで、遺骨収集事業がおこなわれるまで、沖縄戦当時の戦場がほとんどそのまま保存されてきたのです。

真嘉比は都市部に残された戦跡でした。この写真でも背後に市街地が写っています。ぼくたちは真嘉比の丘をそのまま戦跡として保存できないかと考え、那覇市と交渉をしたこともあったのですが、開発を望む地主さんたちの要求にかないませんでした。

写真①　ホームレスの人びとによる遺骨収集。

発掘作業に参加した作業員のみなさん——写真②

写真②は、実際の発掘作業のようすです。10人単位のふたつの班が向かい合って掘り進め、それがぶつかろうとしているところです。

当初は、地表から1メートルの深さで掘り進める予定でしたが、最終的には80センチメートルの深さで掘ることにしました。作業をはじめる前に不発弾の有無を磁気検知器でしらべて、危険がないことを確認しますが、検知器の検知能力が地中1メートルまでだったために、1メートルとしたのです。しかし、手榴弾《しゅりゅうだん》のような小型の爆弾は用意した磁気検知器では感知しきれず、1メートルより浅いところから出てくることがあり、慎重を期して80センチメートルとしました。

大量に出てきた砲弾や戦争遺物——写真③

写真に写っている茶色の石ころのようなものは、砲弾の破片で、長いあいだ土の中に埋もれていたためさびていました。そのほか、アメリカ軍の小銃の薬きょう、小銃の弾頭、右端にあるのが日本兵が標準的に携帯していたと思われる薬びんです。右下にある紙には、出てきた日付と場所を書いてあります。このような遺物が、毎日、

写真③　砲弾破片と銃弾。

写真④　軍用時計の枠（右上）など。

写真②　炎天下での遺骨収集。２つの班が向かい合って掘り進める。

土のう袋に半分ほど出てきました。

アメリカ軍が使用した兵器の残骸の数々——写真④

68ページの写真④の右上に写っているのは、日本軍の軍用腕時計の枠です。その下にアメリカ軍の5インチ艦砲弾の弾帯片《だんたい》、さらにその下がアメリカ軍の60ミリ、もしくは81ミリ迫撃砲弾《はくげき》の羽根の一部です。写真中央にある2つの丸い輪っかは、アメリカ軍の手榴弾MKⅡの安全ピンを引きぬくためのリング、そしてアメリカ軍の小銃弾の使用済み薬きょうです。

この写真に収まっているアメリカ軍の武器から攻撃の形態がよく現れています。

5インチ艦砲弾は、アメリカ軍の沖縄上陸以前、もしくは歩兵の侵攻以前に海上の艦船から艦砲射撃されたもの。迫撃砲は、近接した歩兵部隊に併設された迫撃砲部隊からの近距離攻撃。そして手榴弾のリングが出てきたということは、物を投げて届く距離での超接近戦があったことを示しています。

日本軍の手榴弾——写真⑤・⑥

写真⑤は、日本軍の九七式手榴弾の未使用弾です。九七式手榴弾はいちばん多く

写真⑥　四式陶製手榴弾。

写真⑤　片足だけの遺骨とともに出土した九七式未使用手榴弾。

製造、使用された手榴弾です。真嘉比の頂上で、片足のみの遺骨といっしょに出てきました。

写真⑥は、写真中央上に球状の黒いものが写っていますが、これは日本軍の四式陶製手榴弾、焼きものでできた手榴弾です。戦時中金属が不足したため陶器で手榴弾をつくるようになったのです。その下に見えるのは、大腿骨《だいたいこつ》のひざの関節部分で、おそらくこの手榴弾はズボンのポケットに入っていたのでしょう。

たびたび出てきた両軍の不発弾——写真⑦・⑧・⑨

写真⑦は作業をはじめる前に、磁気検知器で不発弾の調査をおこなったときに見つかった、アメリカ軍の5インチ艦砲弾の不発弾です。遺骨収集現場の近くには真嘉比小学校があります。不発弾が発見されても、通常は自衛隊が定期回収*にくるのに2週間ほどかかるのですが、このときは、小学校の隣接区域ということで、不発弾が発見されるたびに、毎回サイレンを鳴らして緊急回収に駆けつけてきました。遺骨収集事業中に大量の不発弾が発見、回収されました。

写真⑧の2本の不発弾は、日米両軍の75ミリ砲弾です。2本ともに発射痕があり、同地点に着弾したものです。このように同じ地点から両軍の不発弾が出てくるのは、

***自衛隊による不発弾の定期回収**：沖縄では不発弾の発見数が多いため順番待ちになり、発見から自衛隊が確認しにくるまでに2週間ほどかかる。129ページ参照。

写真⑦　米軍5インチ艦砲弾の不発弾。

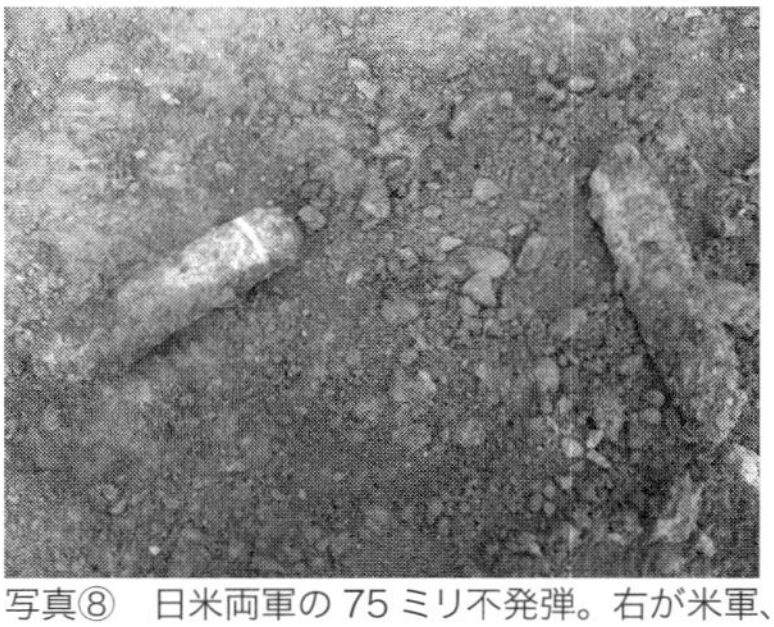
写真⑧　日米両軍の75ミリ不発弾。右が米軍、左が日本軍。

とても珍しいことです。日本軍がこの場所に布陣していたときにアメリカ軍によって撃ち込まれた砲弾と、その後撤退した日本軍から占領したアメリカ軍に向けて撃ち込まれた砲弾がともに不発着弾したのです。この写真は、この場所で攻守が入れ替わったことを示しています。

写真⑨は3本の未使用砲弾です。真嘉比に布陣していた連隊砲の部隊が使用していた75ミリの四一式山砲《よんいちしきさんぽう》*の薬きょう付き実包です。左は対戦車用で、ほか2本は撤甲弾《てっこうだん》*だと思われます。この未使用弾が出てきたまわりからは、発射後の薬きょうや破壊された大砲の部品などが多数出てきました。

四角い爆薬のかたまりと手榴弾——写真⑩・⑪

写真⑩に写っている紙に包まれた羊羹《ようかん》のような四角いかたまりは、日本軍の爆薬です。ぼくたちは「淡黄爆薬《たんおうばくやく》」と呼んでいます。日本軍はこの爆薬を木箱につめ、それをランドセルのように背負ってアメリカ軍の戦車めがけて飛び込んでいきました。要するに自爆攻撃*です。その「淡黄爆薬」の入った木箱も出てきました。この戦法で破壊されたものなのか、真嘉比でもアメリカ軍戦車の破壊されたキャタピラーや部品が出てきました。

写真⑨　日本軍の未使用砲弾。

＊四一式山砲：1910（明治43）年前後に開発・採用された大日本帝国陸軍の山砲。山砲とは山岳地帯や不整地など、移動困難な場所でも行動力を発揮させるために分解して運ぶことができる砲。

＊撤甲弾：戦車や装甲車などに穴をあけるための砲弾で、飛行機の機関砲や艦砲、戦車砲などで用いられる。

＊日本軍の自爆攻撃：日本軍は、敗色濃厚なアジア・太平洋戦争末期、さまざまな自爆攻撃をおこなった。海軍の神《しん》風《ぷう》特攻隊が有名である。ほかにも人が操縦して敵艦に体当たりする潜水艇「回天《かいてん》」（人間魚雷）や、ベニヤ板の小型艇の船首に爆薬を積んだ海軍の「震洋《しんよう》」、陸軍の「マルレ艇」などがある。しかし、犠牲の大きさに見合った戦果は得られていない。下級兵士や鉄血勤皇隊《てっけつきんのうたい》の若者に爆雷を背負わせて戦車に体当たりさせる、「切り込み」といわれる自爆攻撃もあった。

写真⑪を見てください。形が崩れていてわかりにくいのですが、手榴弾です。真嘉比の連隊砲の部隊がいた壕《ごう》の中から出てきた４体の遺骨とともに見つかった日本軍の九七式手榴弾です。さびの固まりにしか見えないのは、赤土が付着しているからです。

点線で囲った部分が人間の腰骨の一部です。帯革と呼ばれるベルトの一部とそのバックルもくっついていました。ベルトは革製ではなく、戦争末期の物資不足のためにつくられたゴム引き布製です。この壕からは、遺骨とともに印鑑も出てきました。印鑑は連隊砲中隊所属の「橋本雪正」さんのものと思われます。現在、遺骨と連隊砲中隊の遺族とのＤＮＡ鑑定をおこなっています。

ひざから下、片足分だけの骨――写真⑫・⑬

写真⑫の左上に横たわっているのが、足のすねの骨です。その右側に散らばっているのが足の甲と指の骨です。そして日本軍の軍靴の靴底も残っていました。写真中央の紙に書かれているのは日付と場所の表示です。

写真⑬は、この遺骨を取り出して撮影したものです。この場所からは、ひざから下の片足分だけが見つかりました。

写真⑩　淡黄爆薬。

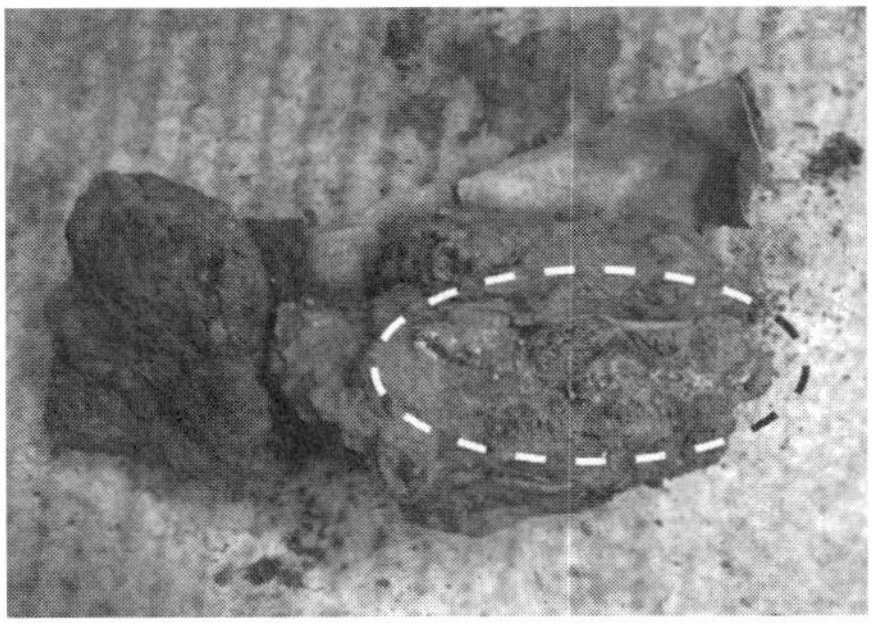

写真⑪　腰骨とベルトの一部が付着した手榴弾。

遺骨の出土状況を記録する――写真⑭・⑮

写真⑭は遺骨出土状況の記録表です。左の欄には骨の種類が書いてあります。上の欄は日付です。出てきた遺骨の部位に「○」をつけていきます。備考欄には「靴をはいた状態の足のみ」などと見つけた時の状態を記録します。また、撮影した写真の番号を１２６８、１２６９などのように記入します。

写真⑮は遺骨の出土ポイントを記入する地図です。作業範囲が赤線で囲われています。

戦死者の骨を判別する――写真⑯・⑰・⑱

写真⑯と写真⑰は、両方ともひざから下の両足です。ほぼ同じ場所から、まったく同じ部位の遺骨が2体分出てきました。ちなみに、写真⑯の脛骨《けいこつ》が折れているのは、発掘時に折ってしまったからです。細長いひ骨に損傷は見られませんでした。

写真⑰は、同じ場所から出てきたもう1体のひ骨です。こちらは折れた状態で出てきました。きちんと記録を取って、写真に残していたため、同じ部位の遺骨が同じ場所から2体分出てきたことを後からでも確認することができます。そうしてい

写真⑫　ひざから下だけの骨。くつをはいていた。

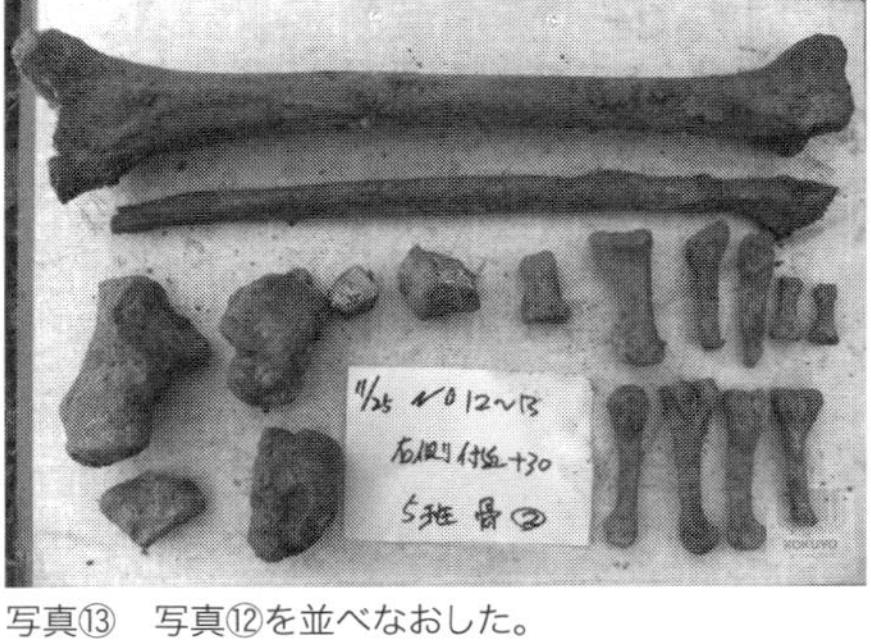

写真⑬　写真⑫を並べなおした。

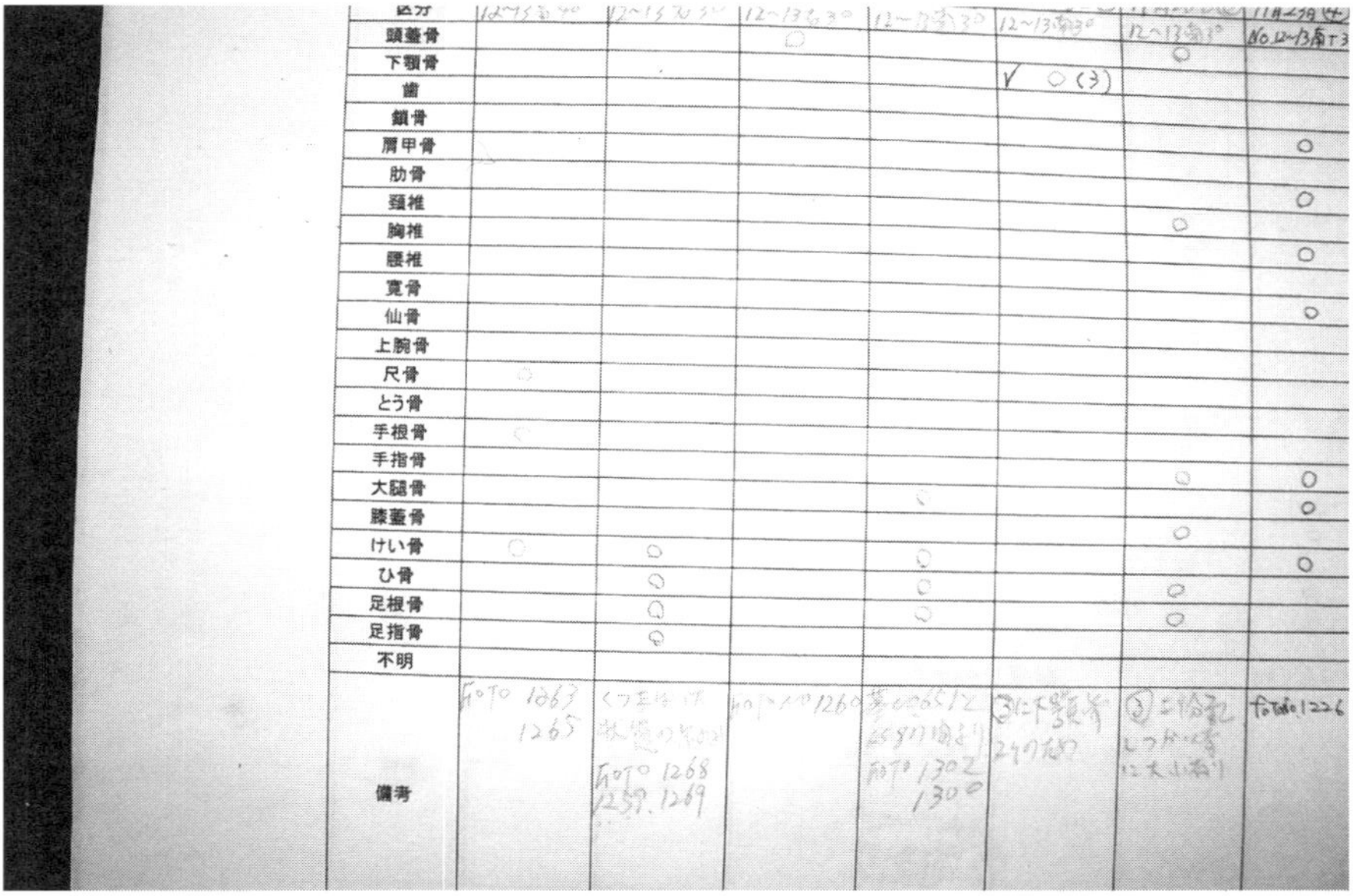

写真⑭　出土遺骨の記録表。左から２列目が写真⑫の説明。

写真⑮　遺骨出土ポイントの記録地図。

なかったら、「そんなことはありえない」と判断して、1体として整理してしまったかもしれません。

通常、砲弾が至近距離で爆発すると、砲弾の破片が全身に突き刺さり、骨はばらばらに破折してしまいます。ところが、写真⑯⑰のように、関節部分できれいに分離している遺骨が数多く出てきたのは意外でした。

ちなみに、真嘉比で出てきた遺骨には完全体が少ないことが特徴でした。とくに、頂上付近では至近距離で被弾したためか、破折した部分骨も数多く出てきました。

真嘉比には戦前からお墓があちこちにありました。そのため、砲撃で破壊されたお墓の被葬者の遺骨も混じって見つかるのではないかと気をつけていました。写真⑱は沖縄戦以前の古い骨に見えますが、破折した骨片にはさまれるように、何か緑色のものが見えます。拡大してみると、日本軍の薬びんでした。こうした状況から、出てきた骨は被葬者の遺骨ではなく、日本兵の遺骨であると判断することができます。

たこつぼ壕のなかの狙撃兵——写真⑲・⑳

遺骨収集事業の作業現場から西におよそ300メートル離れたところに安里五二

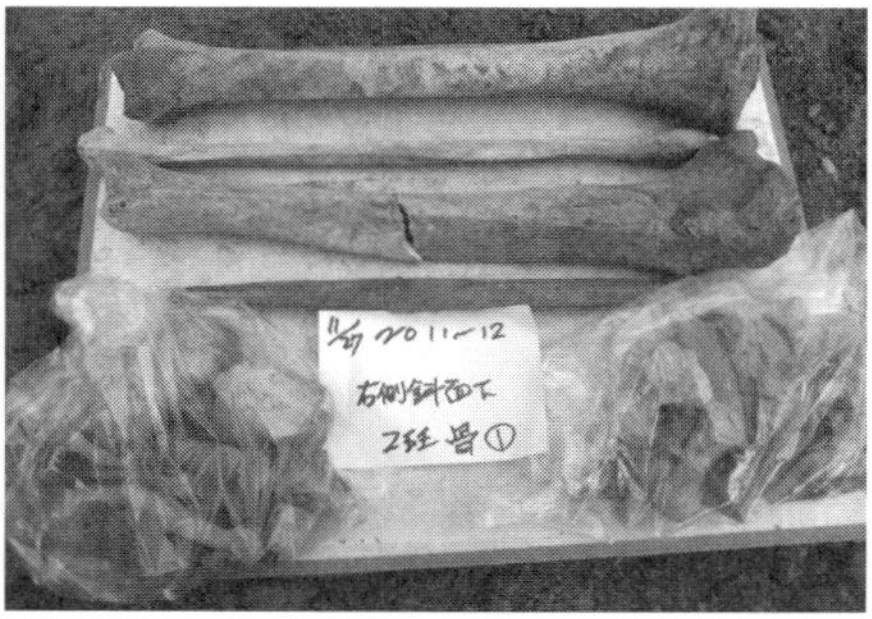

写真⑯　同じ場所から同じ部位の遺骨が出土した①

写真⑰　同じ場所から同じ部位の遺骨が出土した②

高地（＝シュガーローフヒル）（37ページ図参照）があります。この安里五二高地ではアメリカ軍も多くの犠牲者（アメリカ軍死傷者、２６６２名）を出しました。

写真⑲の遺骨は、安里五二高地を望む高台に掘られたたこつぼ壕のなかで、完全に埋没した状態で出てきた日本兵です。たこつぼ壕とは、直径がおよそ90センチメートル、深さ1メートル20センチくらいの小さなひとり用の壕のことです。

日本軍はたこつぼ壕を掘り、その中に潜んで敵を攻撃しました。自分が敵を迎え撃つかわりに、壕から出ようとすれば、敵に身をさらして撃たれてしまうという、ほとんど逃げ場のない戦法です。

ぼくたちは、出てくる遺骨がどのような状態で倒れているのか、最期はどのような姿なのか見てあげるのも供養だと考えて、遺骨を動かさずに周囲の土を掘りさげていくように作業しました。それが写真⑳です。

左足のつま先に集めてあるのが、日本軍の九九式小銃の発射済薬きょうと実弾を固定していた装弾子《そうだんし》＊です。この人は、このたこつぼ壕の中で30発くらい撃っていた痕跡があります。たこつぼ壕のある位置が安里五二高地に対する狙撃ポイントであることや、この人が安里五二高地の方向を向いていること、実際に射撃をおこなっていることなどから、狙撃兵だったと思われます。

写真⑱　日本軍の薬びんとともに出土した破折骨。

＊装弾子：クリップともいう。弾丸をひとまとめにして銃に装填するための道具。銃により、装弾子ごと装填するタイプと、弾倉に差し込んで指で実包を押し込むタイプがある。近年では交換式の弾倉（マガジン）に役割をゆずった感がある。

ちなみに真嘉比で遺骨とともに出てきた発射済み薬きょうの数は、このケースが最多でした。日本軍の弾薬補給がいかに少なかったかがわかります。右腕のひじの下にあるのが未使用の小銃弾です。装弾子に5発ずつ連装された実砲が、弾《だん》薬盒《やくごう》*という革製の小さなカバンに革ベルトで腰に結びつけられていたはずですが（103ページ図参照）、カバンもベルトも65年の歳月で腐ってなくなってしまい、金属の小銃弾だけがもとの位置に留まっているのです。

足には地下足袋《じかたび》を履いていました。日本軍では軍靴、つまり軍人の戦闘靴もありましたが、歩兵は地下足袋も各自標準装備でもっていたようです。夜間に奇襲攻撃をしかける際は、音を立てないようにということで、軍靴から地下足袋に履き替えたという証言も多く残っています。実際、壕の中に軍靴だけがたくさん残されていることもありました。

鉄帽にあいた穴――写真㉑・㉒・㉓・㉔

写真㉑は、写真⑳の遺骨がどういう姿勢で亡くなったのか、ぼくが同じポーズをとろうとしているところです。座っているように見えますが、座っているというよりも、穴が狭くて倒れきれず、壁にもたれた状態だったのです。頭頂部に穴があい

＊弾薬盒：小銃の弾薬を携帯するための、堅い革でつくられた容器。海軍では胴乱《どうらん》と呼ぶこともある。前盒と後盒とがあり、歩兵は前盒2個、後盒1個を帯革に通して携帯した。内側は2室にわかれた長方形の箱状で、前盒と後盒で60発ずつ、合計120発が定数。状況により、携帯する盒がひとつだけになったり、実包の数も減らすことがあった。

写真⑲　たこつぼ壕から発見された日本軍兵士の全身遺骨。

写真⑳　遺骨を動かさずに周りの土を取りのぞいていった。

ていて、最初はアメリカ軍からの銃撃痕だろうと考えていました。

写真㉒は、鉄帽《てつぼう》と頭蓋骨《ずがいこつ》の穴です。鉄帽の穴は真上にあいています。縦穴の中にいる人が、水平方向の敵から垂直方向の銃撃を受けることはありえません。では、どんな攻撃だったのでしょうか。

写真㉓は、その手がかりになる写真です。この2つの破片は、頭蓋骨の中から出てきたものです。左側が肉厚と形状からしてかぶっていた鉄帽の破片、右側は砲弾の破片でした。たこつぼの中からは別の破片が見つかりました。アメリカ軍の105ミリ榴弾の弾帯の破片でした。

写真㉔はアメリカ軍の105ミリ榴弾《りゅうだん》砲の砲弾です。弾の左側から4分の1のところに金属の帯が巻かれています。これが弾帯《だんたい》です。弾帯は真鍮《しんちゅう》製で、砲弾の種類ごとに厚みやサイズ、線条痕《せんじょうこん》*の幅が違うので、弾帯の破片を見れば、その砲弾を特定できます。

105ミリ榴弾には、時限信管《じげんしんかん》*によって空中で爆発する種類のものがあります。塹壕《ざんごう》*やたこつぼ壕に潜む敵に対して上空から攻撃するために使用されます。この方は、榴弾の攻撃を真上から食らったのでしょう。ただ、このように戦死の状況や原因がわかっても、何かむなしいものです。人間は人間を殺すためにいろいろな方

＊線条痕：施条痕《しじょうこん》、ライフルマークとも。銃身の内部にはらせん状の溝がきざまれていて、これを施条《しじょう》（ライフリング）という。弾道を安定させるためで、発射された弾丸にはこの痕が付き、それを線条痕という。同じ銃から発射された弾丸は同じ線条痕を残し、異なる銃で同じ線条痕はないために、「銃の指紋」といわれていた。しかし近年では、銃身の製造法が変わり、同じ線条痕を残す銃が数十本存在するようになったといわれる。

＊時限信管：砲から発射することでタイマーが始動する信管。この信管を装着した砲弾等は空中で爆発させられるため、照明弾や発煙弾などに使われる。

＊塹壕：地上戦で敵の攻撃から身を隠すための防御施設。溝や穴を掘り、掘った土を前方に積み上げる。

写真㉒　砲弾破片が鉄帽と頭蓋骨を貫通していた。

写真㉑　死亡時の状況を再現する。遺骨の腰のあたりには装弾子に連装された実砲が、足には地下足袋のゴム底が残されていた。

写真㉔　アメリカ軍の 105 ミリ榴弾の不発弾。

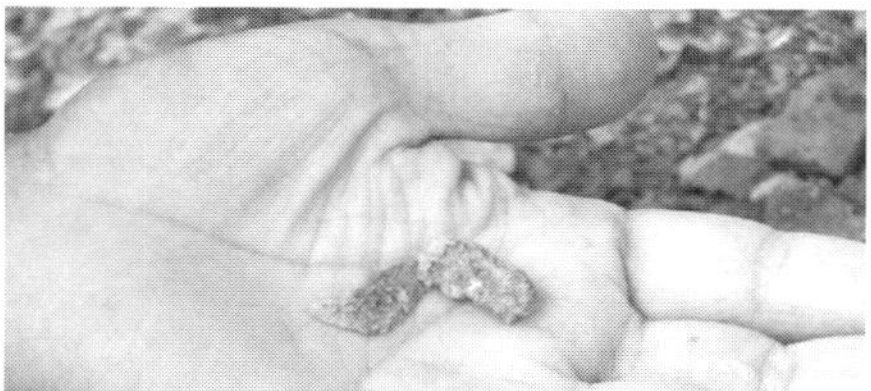

写真㉓　頭蓋骨の中から出てきた砲弾（右）および鉄帽の破片。

法を考え出しましたが、それを科学技術と呼ぶに値しません。

オイルで焼かれた遺骨——写真㉕・㉖・㉗

写真㉕は別のたこつぼ壕から出てきた遺骨です。おそらく遺体にオイルをかけられて火を放たれたのではと思われます。その後に土をかけられたようです。

このたこつぼ壕からは、もうひとり分の遺骨が出てきました。ひとり亡くなっていたたこつぼ壕に、だれかがもうひとりの日本兵の遺体を投げ込んで焼いた上で土をかけて埋めたと思われます。表面の土は固まっていましたが、下のほうは土がつまっていなくてスカスカでした。

写真㉖の下側の遺骨の首は、壁にもたれたままの状態を保っていましたが、下あごの骨は脱落して胸元の位置にきていました。

写真㉗は、図嚢《ずのう》*と呼ばれる陸軍将校用の革製カバンです。革にかかったオイルが防腐剤になったのでしょう、革製の遺品の大部分は残っていました。中には万年筆や赤黒1本ずつの鉛筆も残っていました。

写真㉗　図嚢。中から出てきた万年筆に記名はなかった。

***図嚢**：地図を携帯する目的でつくられた革製のカバン。将校は必ずもっていて、地図や書類、筆記用具などを携行した。

写真㉕　重ねて埋められていた上側の遺骨。焼かれた形跡がある。

写真㉖　下側の遺骨。下までは火が回らず、遺品の多くが残っていた。右から前盒《ぜんごう》、ベルトと銃剣差し、図嚢、後盒《こうごう》、飯盒《はんごう》のつる。

仮埋葬された遺体――写真㉘

写真㉘は、仮埋葬された遺骨です。仰向けに寝かされ、頭を北向きにして足をそろえて伸ばし、両手をお腹の上で組んでいる姿で遺骨が出てきました。戦闘中にこうして埋めてもらえるだけでも「まし」だったのかもしれません。もちろん、「まし」といっても、戦争で死ぬこと自体を認めることはできません。写真では左腕の下がありませんが、左腕の下にあるものを確認するために移動したからです。

千人針を身につけた遺骨――写真㉙・㉚・㉛

作業員は、遺骨があることがわかるまで、片手クワや熊手を使って掘り進めます。遺骨が出てくると、精密発掘を担当する作業員が後を引き継ぎ、竹串やはけを使っててていねいに発掘していきます。写真㉙の作業員は、遺骨を傷つけないように、竹よりやわらかい生木の枝で串をつくって掘っています。遺骨に対する作業員それぞれの思いは、事業期間中にいろいろな場面で見ることができました。

写真㉚は、この作業員が掘り出した遺骨です。この遺骨は下半身しかありません。お腹の真んなかあたりに丸い金属が見つかりました。

写真㉘　仮埋葬された遺骨。お腹の前で手を組んでいたところがうかがえる。

写真㉙　はけを使ってていねいに作業をすすめる精密発掘の担当者。

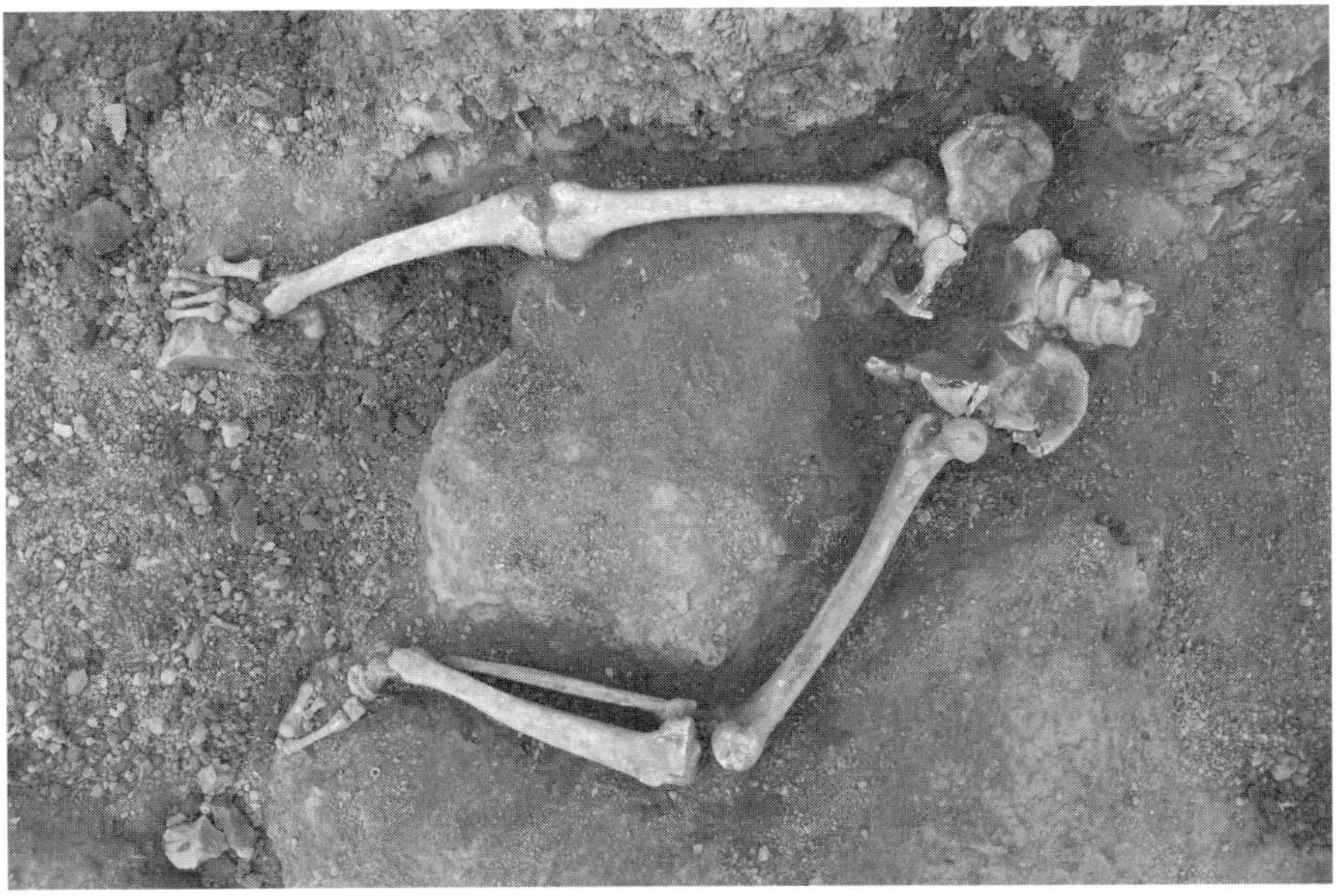

写真㉚　写真㉙の作業員が掘り出した遺骨。上半身がなかった。

写真㉛は当時の五銭硬貨です。五銭硬貨は、お守りとしてよく使われていました。五銭は四銭のつぎであることから、四銭を死線とかけて、「死線を越えて生還するように」という願いが込められています。

五銭硬貨は、千人針《せんにんばり》＊という腹巻状の布に縫いつけられていたものと思われます。64年ものあいだに布はすっかりなくなって、びっしりと糸が巻きついた五銭だけが残っていました。

こうした例は、真嘉比だけでも3、4例ありました。五銭硬貨を縫いつけられた千人針の布がまだ残っているのもありました。千人針に使われた布はガーゼのような感じの布です。1人が一針ずつ千人の人が縫った千人針やお守りを身につけているということは、生きて帰りたいという気持ちの表れです。そのことを思うと、日本国家は国民に対してほんとうに罪なことをしたと思います。

かんざしと仏像と小銃――写真㉜・㉝・㉞

写真㉜の左の大きなさびた金属は、発射済み75ミリ砲弾の薬きょうです。その下は歩兵のベルトのバックルです。右上に眼鏡があります。眼鏡の下に、青さびが出ている大きな耳かきのような棒状のものがあります。これは前にも紹介したかんざ

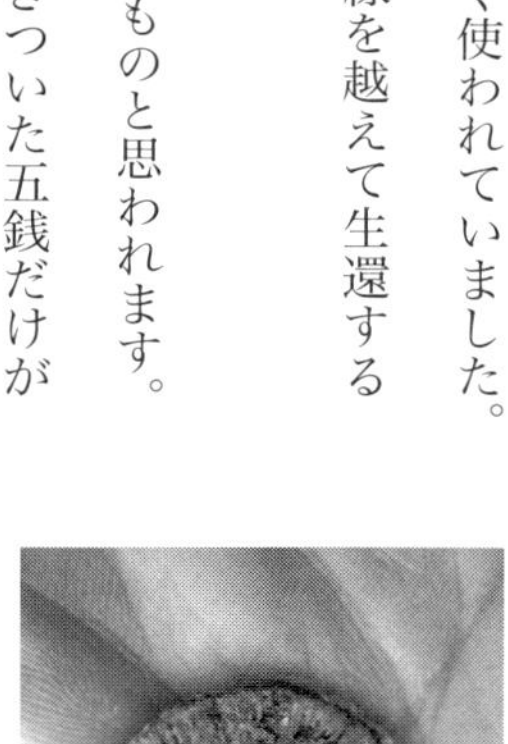

写真㉛　糸が巻き付いた五銭硬貨。

＊千人針：出征《しゅっせい》する兵士の無事帰還を願って、1メートルほどの白い布に、千人の女性に1人1針ずつ、赤い糸で縫って結び目をつくってもらう。特別に寅《とら》年生まれの女性は、自分の年齢と同じ数だけ結び目をつくることができた。これは「虎《とら》は千里往《い》って千里還《かえ》る」という中国のことわざにあやかったもの。また、五銭硬貨や十銭硬貨を縫い込むこともあり、これは「五銭」は「死線《しせん》（＝四銭）」を越え、「十銭」は「苦戦《くせん》（＝九銭）」を越えるという意味づけからである。千人針は、銃弾よけのお守りとして腹に巻いたり帽子に縫いつけたりして、大切に身に付けつづける兵士も多かった。写真は宮崎県遺族連合会提供。

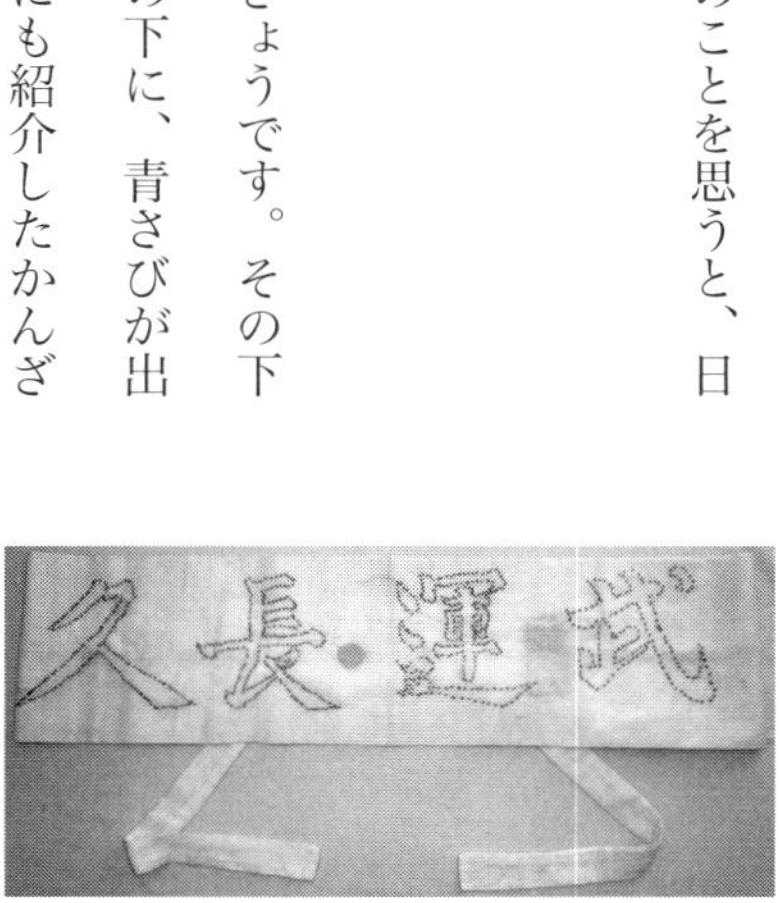

し、沖縄の方言でジーファーです。兵隊が、女性の使うジーファーを２本もっていたのです。

写真㉝は、遺骨の腰辺りから出てきた仏像です。戦死した日本兵がお守りとして身につけていたのでしょうか。人を殺すための戦場に、人を救う仏像をもち込むということに、違和感というよりも悲しみを感じてなりませんでした。

真嘉比で出てきた遺物に、これまで見たことがないものがありました。写真㉞はアメリカ軍のＭ１ガーランドという小銃です。通常、戦闘の現場に遺棄された武器はその持ち主が殺されたか負傷したか、あるいは投降したかを意味します。これまでの遺骨収集作業でも、日本軍の小銃はいくらでも出てきてますが、アメリカ軍の武器が出てきたのは真嘉比がはじめてです。* アメリカ軍の記録によれば相当な犠牲者を出していることがわかりますが、ここではアメリカ軍にも犠牲が出たことを裏づける証拠でしょう。

市民参加型の遺骨収集——写真㉟

写真㉟は、近くの小学校の生徒たちが、平和学習の一環として遺骨収集現場を訪れたときの写真です。見学だけでなく、短い時間ですが体験収集もおこないました。

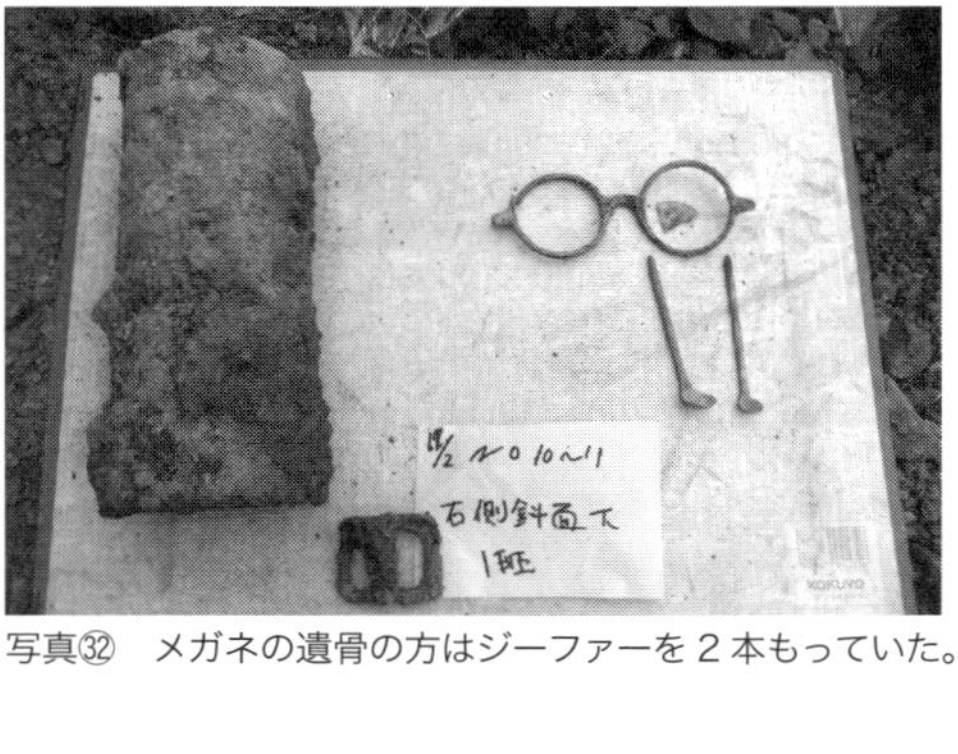
写真㉜　メガネの遺骨の方はジーファーを２本もっていた。

***アメリカ軍の兵器回収への考え方**：戦場で戦死した場合、アメリカ軍はなんとしても回収して遺族の元に帰すのが決まりだった。またそのときに使用していた武器も回収した。放置して敵にわたることを防いだのである。反面日本軍にはそのような決まりはなく、戦場跡には遺骨とともに武器も多数残された。

沖縄戦について詳しい方は、本土に住んでいる方の中にもたくさんいます。しかし、それは書物や映像、あるいは聞き取り調査から得た、知識としての沖縄戦です。それに対して子どもたちは、土の中から掘り出されている最中の遺骨を目にし、自分の手でそれを掘り出すことによって、事実としての沖縄戦を自分の目で確認したのです。その意味で、ぼくは、たとえ断片的であっても、この子どもたちに沖縄戦を継承することができたと考えています。

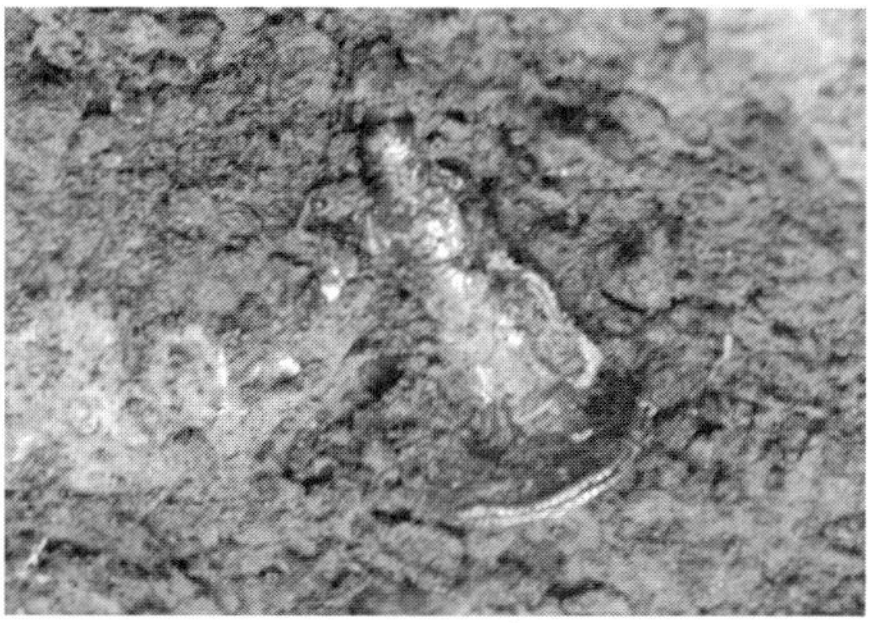

写真㉝　遺骨とともに出土した仏像。

写真㉞　アメリカ軍のガーランド銃。

写真㉟　平和学習の授業で体験発掘に参加した子どもたち。

第７章　遺骨を記録することで見えてきたこと

できるだけ記録に残す

遺骨収集をする際、ぼくたちはできるだけ記録に残すことを心がけました。まず、大小のバックホー*で、戦後に堆積した土砂を取り除きます。ついで、作業員を10人単位で5つの班に編成し、班ごとに手掘りで作業を進めていきました。

しかし、人骨に関する知識は現場を体験するだけではまったく身につけることはできません。そこで琉球大学医学部の土肥直美先生にご指導をお願いしました。土肥先生は、形質人類学の専門家で、出土する人骨の形から年齢や性別、当時の生活様式などをしらべるエキスパートです。素人のぼくたちの骨に関する疑問に快く答えてくださり、それまでの疑問がつぎつぎと解けていきました。土肥先生には収集事業にもボランティアで参加していただきました。

破折した骨や、骨の一部分が出てきた場合、そのまわりから出てくるほかの骨の大きさや部位などと比較して、同じ人物の遺骨なのか、複数の骨がまじっているかを判定していきました。

出土状況の記録も、写真だけではなく、出土場所を地図の上にマークして（75ページ写真⑮）、出てきた遺骨1体ごとにその発見した部位を記録しました（75ペー

***バックホー**：建設機械である油圧ショベル（ユンボ）の一種。先端のショベルを手前（運転者）向きに取り付けたもの。

ジ写真⑭)。全身骨の場合は、四肢骨の長さを測って身長、年齢、身体的特徴などを割り出し＊、遺品がいっしょに出てきた場合はそれも記録しました。

このような科学的な判定や詳細な記録、集計をおこなった結果、遺骨収集事業の期間に全部で172体分の遺骨を収集することができました。

この収集事業で特徴的だったのは、非戦闘員と思われる遺骨が1体も確認されなかったということでした。真嘉比の古老に聞くと、戦闘がはじまる前に、真嘉比の住民は南部に避難していたとのことです。この地が日本とアメリカの軍隊同士が激突した戦場であったことがわかります。

記録から見えてきた興味深い事実

遺骨・遺品だけでなく、大量の戦争遺物も出てきました。これもひとつひとつ正確な記録を取りました。戦争遺物の分析はまだ終わっていませんが、これまでにもいくつもの興味深い事実がわかってきました。

たとえば、日本陸軍のものと海軍陸戦隊のものがひとつの尾根を境にしてはっきりわかれて出てきました。このことから、その尾根を境にして陸軍と海軍が作戦区域をわけていたのではないかということが強く推定されます。

＊手足の骨の長さから身長を割り出す：イギリスの統計学者カール・ピアソンによって、手や足の骨の長さから身長を推定する公式がつくられた。遺骨や化石骨から身長を推定するために広く使われている。また、骨の形や大きさ、発見時の傷み具合などから、年齢や性別、身体的特徴、死亡時のようすなどを判別することができる。

また、大量の発射痕のある小銃弾*が出てきたので、集計してみたところ、作業初日の10月9日から31日までのおよそ20日間で、アメリカ軍の小銃弾が511発も出てきたのに対し、日本軍のものはたったの5発、その割合は100対1でした。

沖縄戦を生き残った日本軍兵隊の戦闘体験を聞くと、こちらが1発撃つと、100発くらい撃ち返されたという話がよく出てきます。これはけっして大げさな表現ではなく、少なくとも真嘉比の銃弾の数は、ほんとうに100対1だったのです。

真嘉比の丘は、首《しゅ》里《り》城《じょう》の地下に設営された日本軍司令本部を守る守備陣地でした。その守備陣地をアメリカ軍が攻撃するのですから、アメリカ軍の銃弾が多く出てくるのは当然です。しかし、真嘉比は激戦地として知られ、アメリカ軍にも多くの死傷者が出ていることから、日本軍も相当反撃したはずですが、それを示す日本軍の小銃や機関銃の使用済み薬きょうなどは、わずかしか見つかりませんでした。

アメリカ軍が発射した銃弾は、実際には511発よりもっと多かったはずです。発射した弾がすべて命中した、というわけではないでしょう。丘を越えて飛んでもいくし、何かに跳ね返ったものもあったはずです。そう考えると、実際には、「アメリカ軍の511発＋目標をはずれた弾丸」対「日本軍の5発＋薬きょう数」だったと推計できます。全体での集計結果を待っているところです。

*日米両軍の発射痕のある小銃弾。右がアメリカ軍、左が日本軍。

アメリカ兵の遺骨は出てこない

よく「アメリカ兵の遺骨は出てこないのですか」と質問されますが、米兵の遺骨が出てきたことは一度もありません。

戦死者の遺体を収容することはアメリカ軍の伝統で、どんな危険を冒しても収容して本国へ送り、慎重な調査をおこなって身元を特定して家族の元へ帰すといいます。朝鮮戦争のとき、敵の侵攻に押されて撤退する前に、収容できない遺体を急いで仮埋葬して、何年か後に掘り起こして収容しているくらいです。アメリカ軍には行方のわからない戦死者を捜索・収容する専門班*があり、第二次世界大戦で行方不明になっている兵隊をいまだに探しつづけています。

それに比べると、日本軍の戦死者の遺体の扱いには心が寒くなります。身元がわかっている遺骨はほんのわずかです。多くは日本に帰ってさえいません。東南アジアや太平洋の島々など、戦死した場所に放置されたままなのです。

遺骨収集をおこなわなかった日本

戦後、世界第2位の経済大国となった日本には、戦場となった南方の地域で遺骨

***アメリカ軍の遺体収容専門班**：AGRS　米軍墓地登録部隊『骨はヒトを語る』（埴原和郎　講談社＋α文庫）

を収容する経済的な力も時間も十分にあったはずです。ところが、国は遺骨を積極的に収集しようとはしませんでした。南方の島々に行くのが困難だったわけではありません。日本の企業は、橋や道路を建設するＯＤＡ事業*を受注し、国の予算で、戦争のあった南方の地域まで出かけて大がかりな工事をやっていたのです。

これまで南方地域でおこなわれてきた遺骨収集作業は、生き残りの元日本兵がつくった戦友会や遺族会、あるいはボランティアなどがおこなうものだけでした。国はそれを支援するという立場で、省庁を挙げて本格的に取り組んだことは、近年の硫《い》黄島《おうとう》*を除けばありません。国が支援した遺骨収集の内容も、遺骨を家族の元へ帰すためのものではなく、ただ骨を持ち帰って国立千鳥ヶ淵戦没者墓苑にまとめて納骨するのが目的でした。

真嘉比の丘で、ホームレスの人たちを作業員としておこなった遺骨収集で見つかった日本兵の遺骨１７２体も、もしぼくたちが収集をしなかったなら、西どなりの安里五二高地の遺骨と同様に、トラックで土砂といっしょに運び出されて、どこかに埋め立てられてしまっていたでしょう。

＊**ＯＤＡ事業**：Official Development Assistance＝政府開発援助《せいふかいはつえんじょ》の略称。本来は国際貢献のために先進工業国の政府、および政府機関が発展途上国に対して行う援助や出資のこと。しかしこの予算は、日本の大企業が発展途上国の橋や道路を建設するために使われており、国外の戦場跡に残された遺骨の収集に使われることはなかった。

＊**硫黄島での遺骨収集事業**：２０１０年、当時の菅直人首相の発案ではじまった政府の遺骨収集事業。菅首相が映画『硫黄島からの手紙』を見て感動し、遺骨収集を指示したといわれる。硫黄島はアジア・太平洋戦争末期の激戦地のひとつで、アメリカ軍との戦闘によって２万１９００人の日本軍兵士が戦死したといわれる。２０１１年から3年間、政府の遺骨収集特命チームを中心に、硫黄島で遺骨収集をおこなうとされた。現在までに、３４４体の遺骨が収集され、厚生労働省に引き渡されている。

第8章　ぼくが手榴弾から教えてもらったこと

ありとあらゆる遺骨収集現場から出てくる手榴弾

日本軍の手榴弾《しゅりゅうだん》は、ありとあらゆる遺骨収集現場から出てきます。沖縄戦で手榴弾が実際にどのように使われたのかを知ると、当時の日本政府や日本軍が、兵隊や住民をどのように扱い、位置づけていたのかがよくわかります。

ガマでの遺骨収集をはじめたころ、遺骨は、ガマの入り口付近と奥にかたまっていることが多いということに気づきました。入り口付近にある遺骨には戦闘の痕跡があり、多くの場合、土砂に埋もれていました。他方、壕《ごう》の奥にある遺骨は、上半身のないものが多数をしめています。

はじめは、上半身がないのは、戦後に壕内が荒らされて、遺骨が散らばってしまったためだろうと考えていました。けれども、下半身は関節もきれいにつながっているのに、どうして上半身だけがバラバラになっているのか、不思議でなりませんでした。

不発の手榴弾が遺骨とともに出てきた

その理由がわかったのは、糸満市の摩文仁《まぶに》の海岸に面したガマで遺骨を収集していたときでした。

信管《しんかん》に打撃痕が残る不発の手榴弾が遺骨とともに出てきました。「あれ？」ぼくは土を掘る手を止めて考えました。いったいどういう状況だったのだろう？

ガマの入り口付近にいる敵を攻撃するために、手榴弾の安全ピンを抜いて信管を叩いたとしたら、つぎの動作として、当然それを敵に投げつけるはずです。すると不発だったこの手榴弾は、入り口付近に転がっていなければなりません。ところが、手榴弾は遺骨とともに出てきたのです。

ぼくはもう一度考えました。手榴弾は信管を叩いた後、４、５秒で爆発します。信管を叩いたらすぐに投げなければなりません。ですから、不発であってもなくても手元に残るはずがないのです。不発になった手榴弾を持ち歩くということも考えられません。

もしかしたら覚悟の上での自殺だったのかもしれない……。いつになく張りつめた気持ちで遺骨の状態を注意深く確認すると、下半身はそろっているのに、上半身は腹から上がありません。よく探すと見つかりましたが、ばらばらに砕け散っていました。

胸椎《きょうつい》が４個ほどつながった状態で、少し離れたところから出てきました。胸椎に肋骨《ろっこつ》はついていましたが、どれも短く、５センチメートルほどしかありませんでした。上腕骨も破折して半分しか見あたりません。頭蓋骨《ずがいこつ》はいくつにも割れていて、顔面にあたる部分はどこにも見あたりません。

ぼくは、沖縄戦生き残りの元日本兵である高田俊秀さんの証言を思い出しました。沖縄戦末期、高田さんは南へと追い詰められ、糸満の大度《おおど》の海岸で疲労のためひとりぼうぜんとしていると、すぐ近くで４、５人の女子学生が何かを話しているのが聞こえました。「お母さんが迎えにきてくれない」とひとりが泣き出すのをみんなで慰めていましたが、しばらくして「いち、にい、さん」というかけ声が聞こえた後、爆発音がとどろきました。おどろいてふり向くと、身体の前面も内臓も顔面もない、背中の皮だけになった女子学生たちが後ろにのけぞっていたそうです。

ぼくは不発だった手榴弾をもう一度手に取ってみました。２方向から叩いた痕跡《こんせき》があります。一度叩いて爆発しなかったので、もう一度叩いていたのです。そして、それでもあきらめずにもう1個の手榴弾で自殺を果たしたのです。

「そんなばかな！」と思わず声に出してしまいました。あまりにも腹立たしく、そして悲しい事実でした。ぼくは胸がいっぱいになってしまって、何も考えることができなくなってしまいました。

もう外へ出ようと立ち上がると、壁の上の方に光るものがあることに気づきました。近づいてライトを照らしてみるとそれは金歯でした。歯槽骨《しそうこつ》*もついていました。爆発で引きちぎれて飛び散った顔面の一部が、壁にひっかかっていたのです。

「とにかく出よう！」

外は空も海も青く、光にあふれていました。心地のよい風が吹いていました。しかし、ぼくはそれを受け入れることができませんでした。ガマの中の現実を思考の外に追いやることはできなかったのです。

もたされた2つの手榴弾

ぼくはこれまでの遺骨収集をふり返りました。

山中や原野で見つかる遺骨は、多くの場合、骨が折れていることはあっても、全身の骨がそろっていました。それに比べ、ガマや壕で見つかる遺骨には、上半身がないこともよくありました、上半身のない遺骨に共通しているのは、頭蓋骨がいくつかに割れて顔面がなく、肋骨も前面部分がなく、残っている肋骨が短いということでした。残っている背骨も一部は細かくひび割れていて、指でつかむと崩れてしまいました。これは爆発の衝撃によって骨が劣化したためだったのでしょう。

***歯槽骨**：あごの骨のうち、歯を支えている部分。「歯槽」とは、歯を入れておくものの意味。歯と歯槽骨は歯根膜という膜でつながれているので、簡単に抜けることはない。

もうひとつ、思い出したのは、日本兵の遺骨とともに見つかる装備品は、沖縄本島南部へいくほど少なくなるということでした。

日本軍がアメリカ軍とかろうじて互角に渡り合っていた那覇までの戦線では、日本兵の遺骨といっしょに、軍靴を履いていたことを示す鋲《びょう》やハトメ、腰からは帯革のバックルに銃剣や実弾、上半身からは軍服ボタン、そして小銃と鉄帽が見つかります。これは、遺骨が完全武装兵（次ページ図参照）だったことを示します。

しかし、アメリカ軍に追いつめられた末にたどりついた糸満市南端の喜屋武《きゃん》岬や摩文仁では、日本兵の遺骨とともに出てくるのは、肌着である防暑襦袢《ぼうしょじゅばん》＊のボタンと手榴弾だけの場合が大半です。これは鉄帽も軍服の上着も脱ぎ捨て、武器も喪失した敗残兵の姿です。

おどろくことに、そんな姿になっても手榴弾だけは最後まで身につけていたという事実です。

沖縄戦を生きのびた学徒隊や日本兵の方々にその理由をたずねました。するとみんな異口同音に、「最後はそれで楽に死ねるからだ」と答えてくれました。手榴弾を、敵を攻撃するための武器としてではなく、自殺の道具として大事にしていたというのです。

＊**防暑襦袢《ぼうしょじゅばん》**：夏場や南方の地域に駐留する軍隊が用いた薄手の長袖シャツ。襦袢とはいうが肌着ではなく、南方では襟などに階級章が縫い付けられ、通常の外出着として使用された。半袖のものは防暑略衣という。

図　日本軍の完全武装兵

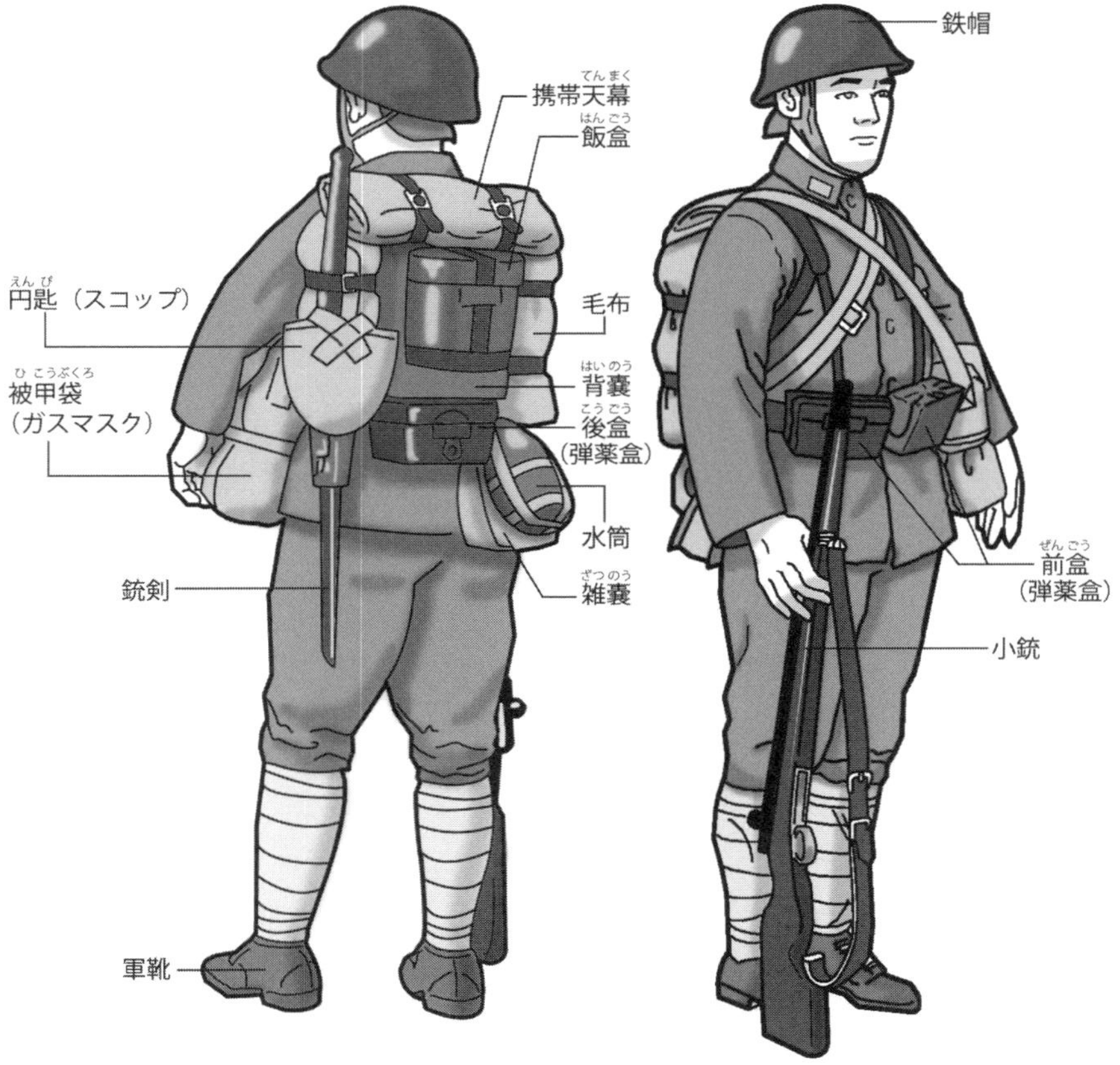

『図解 日本陸軍歩兵』（中西立太画／田中正人文、並木書房、2006）より作図。

かれらは、水も食糧も弾薬も補充要員もない状態*で戦わされたあげくに、勝てないとわかってからも、降伏することすら許されませんでした。代わりに手榴弾を与えられ、最後は自分で自分の始末をしろといわれたのです。

日本軍は、労働力として県内の男性を「防衛隊《ぼうえいたい》*」員として召集したほか、沖縄戦では、「鉄血勤皇隊《てっけつきんのうたい》」「看護学徒隊*」「青年義勇隊*」などと称して10代半ばの生徒を強制的に動員しました。そして、手榴弾を2つ渡し、つぎのように命令していました。

「1つはアメリカ兵を殺すために使え、もう1つは自分が捕虜になる前に自決するために使え」

天皇のために死ぬことは名誉であるという教育を徹底して受けてきた生徒たちは、捕虜になる前に自殺しろという軍の命令に疑問をはさむことなく、それを忠実に実行しました。手榴弾は、学徒兵の、女子学生の、兵隊の、住民の、軍隊によって強制された自殺を象徴する武器なのです。

手榴弾の不条理を社会に伝えたい

それまで、ぼくは遺骨を掘り出すことだけを目的として、たったひとりで収集活動をつづけてきました。しかし、そのなかで手榴弾による不条理な自殺の強制の事

＊水も食糧も弾薬も補充要員もない：日本軍は武器や食糧などの補給を常に後回しにした。それは戦場に滞りなく補給する能力を当時の日本軍がもっていなかっただけでなく、もともと食糧も日用品も極端に不足していたからである。そのため中国大陸や南方の島々では、「現地調達」と称する強奪や殺戮《さつりく》、暴行が頻発した。とくに中国の住民のあいだでは、そんな日本兵を「日本鬼子（リーベンクイズ）」と呼んで恐れ、非難した。戦争末期には日本軍は補給路を完全に絶たれ、南方の島々では、戦闘での死亡よりも餓死が圧倒的に多かった。（122ページ注参照）

＊防衛隊：鉄血勤皇隊や学徒看護隊が十代の少年少女であったのに対し、防衛隊は沖縄の男性住民で組織され、基地や飛行場建設などの重労働を課せられた。ところが、学校で天皇に奉仕することを徹底的に叩き込まれてきた（皇民化教育）学徒と違って、一般住民の防衛隊員にとって日本の天皇はよその国の国王であって、積極的に従おうとする者は少なく、防衛隊員には脱走者が相次いだと伝えられる。

＊看護学徒隊：ひめゆり学徒隊が有名だが、これは沖縄師範学校女子部／県立大一高等女学校の生徒たちのことである。この他に8校、合計555名ほどの動員が確認されている。そして戦死者数はこのうち、194名にのぼるとみられる。（参考：『沖縄戦の全女子学徒隊』フォレスト刊）

実を知り、そのことを周囲の人にも知ってもらいたいと強く思うようになりました。これが、ぼくが社会に向けて発信をしはじめる転機となりました。

ぼくは、沖縄戦で手榴弾がどのように使われたのかを社会に伝えるために、どうすればよいのかを考えました。

まずは、沖縄戦や手榴弾のことをよく知る必要があります。ぼくは、時間ができると沖縄戦の生き残りの方々に話を聴いてまわりました。証言集や文献、日本軍の武器や装備に関する資料を読みあさり、手榴弾の種類、正式な名称、それぞれの手榴弾の構造、使用法などをしらべました。こうして、発掘現場で見つかる手榴弾の破片や遺骨に食い込んでいる破片、腐食して内部が確認できる手榴弾や不発弾の種類、構造を自分で確認、推定することができるようになりました。

しかし、手榴弾を見たこともない人は、いくら口で説明されても、その不条理さを頭で想像するしかありません。ハブを見たことがない人にハブの怖さをいくら説明しても、十分に伝わらないのと同じです。

そこで、どうにかして手榴弾の現物を使って話をすることはできないだろうかと考えました。手榴弾は危険物です。たやすく扱えるものではありません。しかし、だからといって何もしなければ、自殺のための道具として使われた手榴弾に屈服す

動員はたてまえ上志願であったが、女生徒の多くは皇民化教育によって「天皇のために命を捨てることこそ日本人としての誇りであり、命を惜しむ者は非国民である」と教え込まれていたため、家族の反対を押し切って学徒隊に参加した者も少なくなかった。

＊**青年義勇隊**：学校に通っていない少年を召集してつくられた非正規の軍事組織。ほかにも、女子義勇隊などもつくられた。当時は学校に通える少年は少なかったことから、召集された人数としては、鉄血勤皇隊や学徒看護隊よりも青年義勇隊の方が多かった。

るような気がしてなりませんでした。

ぼくはまず、6種類ある「危険物取扱者」の資格*をすべて取得しました。この資格は、火薬も含めた危険物の取り扱いをするのに欠かせません。つぎに、「火薬類取扱保安責任者資格」を取得ました。これで、火薬類の特性を把握することができるようになりました。さらに、日本軍が使用した火薬の一部に毒物指定のものがあったため、「毒物劇物取扱責任者」の資格も取得しました、これによって、火薬類、黄燐、ピクリン酸*などの特性も把握し、手榴弾から火薬を抜いて安全な状態にすることができるようになりました。

そしていよいよ、説明時に使用する「実物」を用意するために、火薬を抜いた手榴弾を警察署に持参し、安全確認を申し出ました。警察にはさらにそれを自衛隊に持ち込んでもらい、それが火薬の入っていない手榴弾や不発弾であり、安全なものであることを確認してもらいました。

現在では、沖縄戦での手榴弾の使われ方についての学習会をひらくときには、実物を使い、参加者に手に取ってもらいながら説明できるようになっています。

＊6種類ある「危険物取扱者」の資格：危険物は1類～6類までの6種類にわかれており、各類を取り扱うためには、危険物の種類ごとに専門の資格を取得することが必要。

＊ピクリン酸：黄色火薬とも呼ばれる爆薬の一種。日露戦争時の日本軍の主力爆薬。強力な爆発性をもつ一方、不安定な物質のため次第に用いられなくなったが、アジア・太平洋戦争で、日本軍はおもに手榴弾の爆薬として再び使用した。ピクリン酸の原料は石炭で、石油が不足したアジア・太平洋戦争下の日本においても製造することができたからである。ピクリン酸は経年変化で爆発性が高まるため、不発弾処理には細心の注意を要する。

日本軍の使用した手榴弾の種類

少し、専門的な話になりますが、手榴弾の説明をしておきましょう。

これまでの発掘作業で出てきた手榴弾は、型式の古い順に挙げると九一式、九七式、九八式柄付き、九九式、四式陶製の５種類*がありました。

九一式、九七式、九九式の３つは「打撃発火式手榴弾」と呼ばれ、安全ピンを抜いて信管上部を固いものに叩きつけるとハンマーの下についている撃針が雷管にあたって火道薬が発火し、起爆部に届いて手榴弾が爆発するしくみになっています（１０９ページ図参照）。信管を叩きつけてから本体が爆発するまでは４、５秒程度です。

九一式と九七式手榴弾が不発になる2つの原因

九七式手榴弾は日本軍がいちばん多く製造した手榴弾で、沖縄戦でも多く使われており、これまでの遺骨収集でもいちばん多く出てきます。

九一式と九七式の手榴弾には、構造的に不発になる欠陥が２つありました。

もう一度１０９ページの図を見てください。信管は高さ３センチメートルの円筒

＊遺骨収集作業で出てきた5種類の手榴弾。

四式陶製手榴弾　九九式手榴弾　九八式柄付き手榴弾　九七式手榴弾　九一式手榴弾

で、円筒の中に撃針がねじ込まれたハンマーが収められています。ハンマーはスプリングで持ち上げられ、撃針が雷管に触れないようになっています。さらに、これらの部品が外にはみ出さないように、信管全体が薄い円筒形のカバーによって押さえ込まれていました。しかし、なかにはカバーの押さえ込みの力が弱く、安全栓を抜くとスプリングの力に負けてカバーとハンマーが脱落してしまうものもありました。これが不発になるひとつ目の欠陥です。

これまでの遺骨収集作業でも、カバーが脱落した九一式と九七式の不発手榴弾*がたくさん出土しています。日本軍もこの欠点は把握していたと思われ、薄い円筒カバーが脱落しないようにハンダづけ*してあるもの*も出土しました。さらに、一度ばらけた信管を組み直したのか、ハンマーが逆さになっているもの*もありました。

109ページの左下の写真は、真嘉比で遺骨とともに出てきた九七式手榴弾です。兵隊が円筒カバーを自分でひもでしばった*と思われます。九九式では円筒カバーが脱落しないようにねじ固定に変更されています。

ふたつ目の欠陥は、ハンマーにねじ込まれている撃針がねじのゆるみで浮いてしまうことでした。輸送中の安全のために撃針をゆるめていたという証言もあります。支給前にねじを締め直したとしても、ふたたび自然にゆるむことがあったので

*円筒カバーが脱落した九七式未使用手榴弾。

***ハンダづけ**：ハンダは錫《すず》と鉛の合金で熱に溶けやすく、金属の接合に用いる。その作業を「ハンダづけ」という。

*円筒カバーがハンダづけされた九七式手榴弾。信管の本体側付け根に銀紙のように光って見えるのがハンダ。

図　九七式手榴弾のしくみ

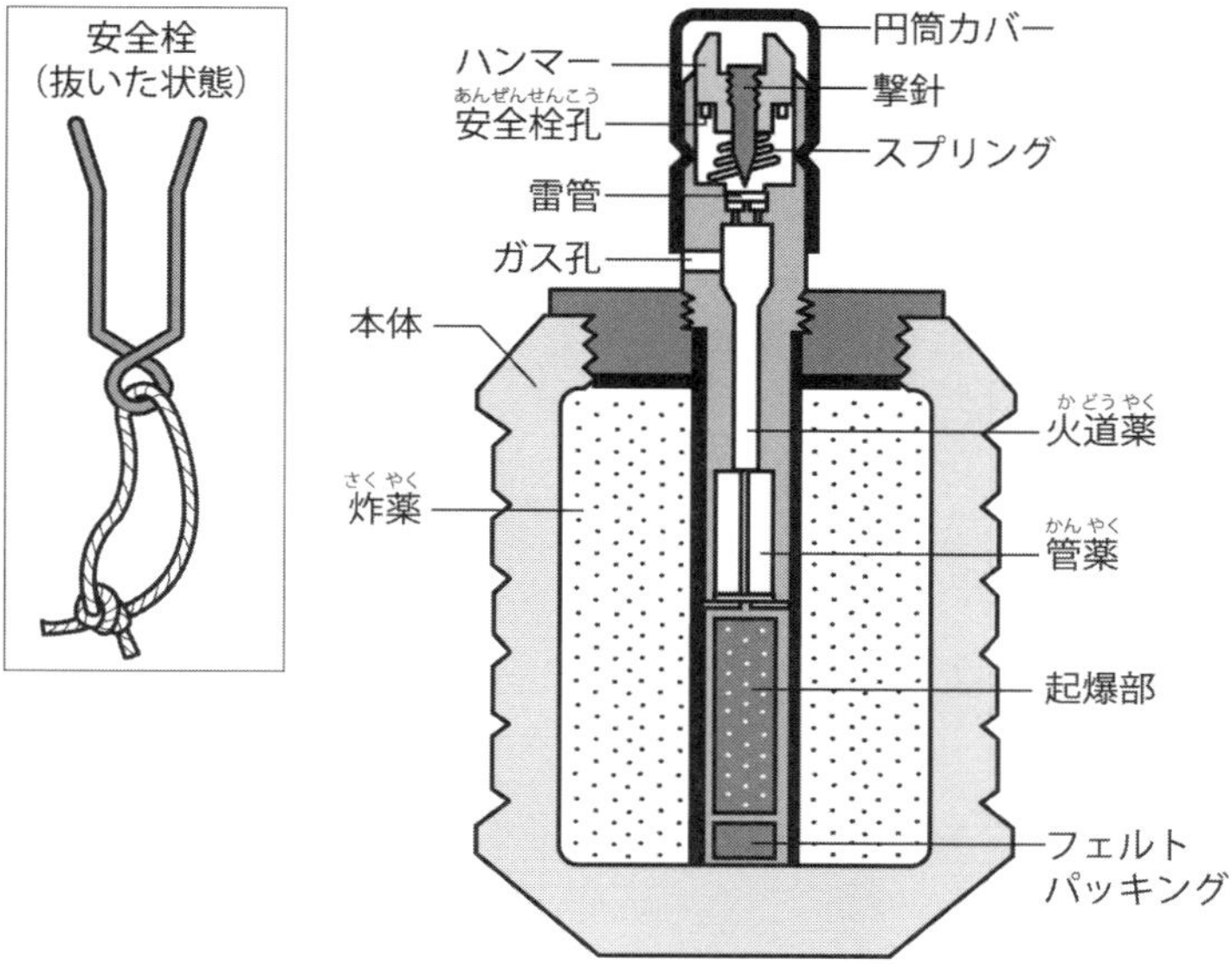

『図解 日本陸軍歩兵』（中西立太画／田中正人文、並木書房、2006）より作図。

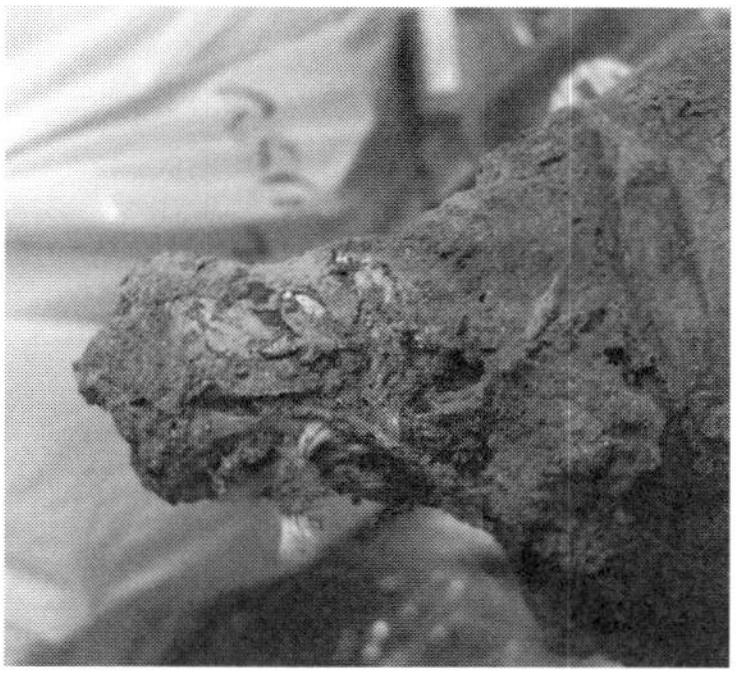

＊九七式手榴弾の円筒カバーがひもでしばられている。

＊カバーを外してみると、ハンマーが逆さに取りつけられていた。

しょう。撃針が浮き上がってしまうと、叩いても発火せず、不発となってしまいます。九九式ではハンマーと撃針が一体構造のものへと変更されました。

九八式柄付き手榴弾のしくみ

九八式柄付き手榴弾は、ほかの手榴弾とは形状、発火方式とも大きく異なります。遠くまで投げられるように12センチメートルほどの木の柄がついていました。この手榴弾は摩擦発火方式で、中空になった柄の中に収納されているひもを強く引っ張ると、摩擦で発火するしくみになっています。

九九式手榴弾にも不発弾はあった

九一式と九七式手榴弾の改良型である九九式にも不発は確認されています。那覇市のJ壕では、入口から20メートルほどのところで、自爆したと思われる兵隊の遺骨とともに九九式の不発手榴弾が出てきました。不発手榴弾にはしっかり叩いた痕*があり、信管内部の雷管には撃針の打撃痕がありました。ひとつ目が不発だったので、もうひとつの手榴弾で自爆したことがわかります。

九一式や九七式の欠点を改良した九九式でも不発が起きたということは、この3

＊信管カバーを外し、ハンマーを取り出すと、中央の雷管には撃針の痕が残っていた。

つの型式に共通に使用されている雷管自体の不良による不発もあったということを意味しています。

四式陶製手榴弾のしくみ

四式陶製手榴弾は金属不足のためにつくられた陶製の手榴弾です。この手榴弾は、海軍関係の遺物をともなった遺骨といっしょに出てきてます。そのことから、四式陶製手榴弾が出てくれば、海軍陸戦隊が付近にいたと判断しています。しかし、沖縄戦体験者の話によれば、四式陶製手榴弾で自爆しようとしても、爆発力が弱いために死ねなかったそうです。

正座して自決した兵隊

九九式の不発手榴弾については、２００９年８月、西原町《にしはらちょう》幸地《こうち》でおこなった遺骨収集の事例を忘れることができません。

西原町の幸地は、那覇市の東に位置する起伏の多い地形が特徴的です。日本軍の歩兵第二二連隊の第一一中隊*が全滅した場所だといわれています。

幸地には「ガマフヤー」のメンバー・高江州善清さんの畑があります。その畑の

＊**歩兵第二二連隊の第一一中隊**：歩兵第二二連隊は愛媛県松山市に本拠を置く大日本帝国陸軍の連隊のひとつ。５月４日、西原町幸地において全滅した。

東側にひろがる原野から、日本兵の遺骨が14体も見つかったのです。さらに原野の西側の構築壕《こうちくごう》からは、日本兵の遺骨が11体*も出土しました。そのうち10体には自爆と思われる痕跡がありました。遺骨といっしょに、爆発によって変形した九七式手榴弾の信管や、日本軍の50ミリ擲弾《てきだん》*の信管、破裂片が出てきました。

この10人は手榴弾だけでなく、さらに強力な50ミリ擲弾も使用して自爆していたのです。爆発の威力が大きかったからか、遺骨に近い壕の内壁が一部崩落していました。さらに数個の未使用手榴弾とは別に九九式不発手榴弾が1つ出てきました。

遺骨のいたるところに手榴弾の破片が食い込んでいました。背骨の前面にも、砕けた骨盤や、頭蓋骨の頭頂部の内側にも破片が突き刺さっていました。そして、不思議なことに、ほとんどの大腿骨《だいたいこつ》と脛骨《けいこつ》が、ひざから5センチメートルほどの長さで破折していました。大腿骨の骨盤に近い方も10センチメートルくらいのところで破折*しています。

ぼくは、このことに首をかしげました。手榴弾が爆発すると破片が球状に拡散します。お腹の前で爆発させると、破片は下あごを貫いて頭蓋骨の内側に食い込んで止まることは理解できます。しかし、ほとんどの遺骨の大腿骨と脛骨がほぼ同じ長さで破折していることに疑問を感じたのです。

*11体の日本兵の遺骨が出てきた西原町の構築壕。

***50ミリ擲弾**：直径5センチメートルの小型の砲弾。通常は擲弾筒《とう》という携行式の筒から砲弾を発射する。

*途中で破折した大腿骨と脛骨。

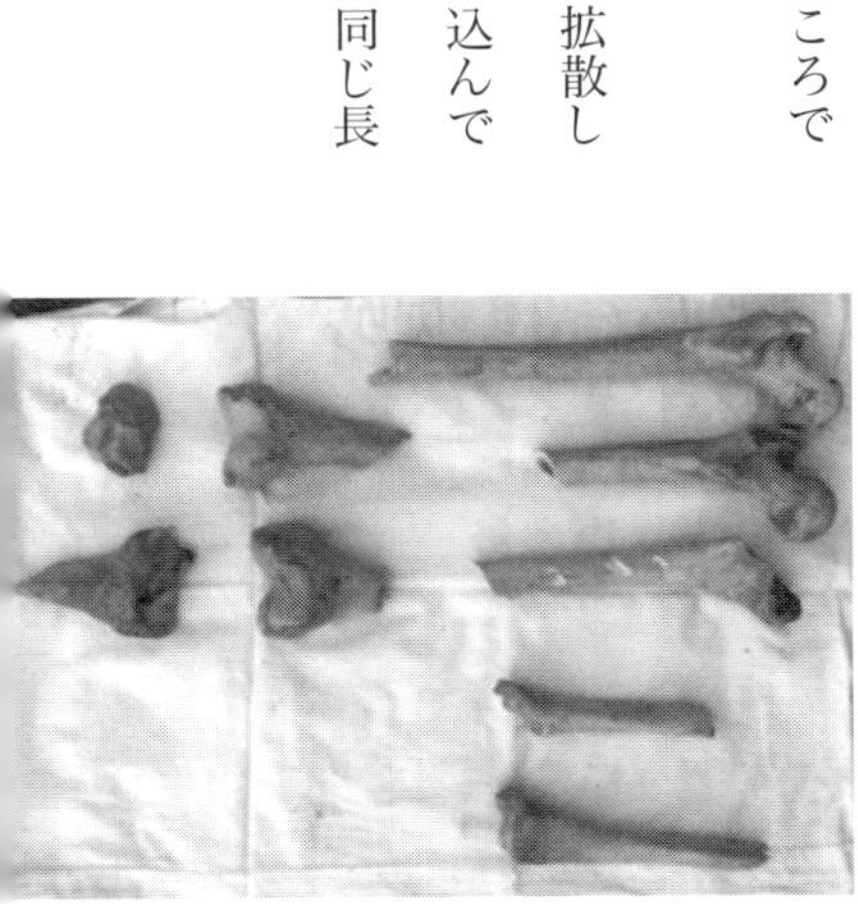

大腿骨と脛骨のひざ関節を合わせて曲げてみたときに、疑問は解けました。「この人たちは正座して自爆したんだ！」

正座をすれば、大腿骨と脛骨が重なり合います。その状態で手榴弾を爆発させたため、骨の中央部分がなくなった一方、両端は短く残ったのでしょう。よく観察すると、かかとの骨の内側にも手榴弾の破片が食い込んでいました。* 軍靴を脱ぎ、裸足で正座をしたようです。

正座で自決した遺骨を確認したのはそれがはじめてでした。もしかすると、それまでに何例もあったのを、ぼくが見落としていただけかもしれません。

11体の遺骨のなかには、上腕骨や大腿骨の関節の成長具合から、17歳くらいではないかと思われるものがありました。* 17歳といえば正規の兵隊ではなく、現地で召集された少年だったのでしょう。この「集団自決」は全員が望んだ結果だったのでしょうか。なぜ、少年まで「自決」せねばならなかったのでしょうか。何かしらの伝令でも命じて壕外へ追い出し、「集団自決」から外すことはできなかったのでしょうか。少年らしき遺骨を見ながら、ぼくはそんな思いにかられました。

ぼくは、不発になった九九式手榴弾を手にしました。この手榴弾を爆発させようとした人はどうなったのでしょうか。たどり着いた結論は、11体の遺骨のうちの

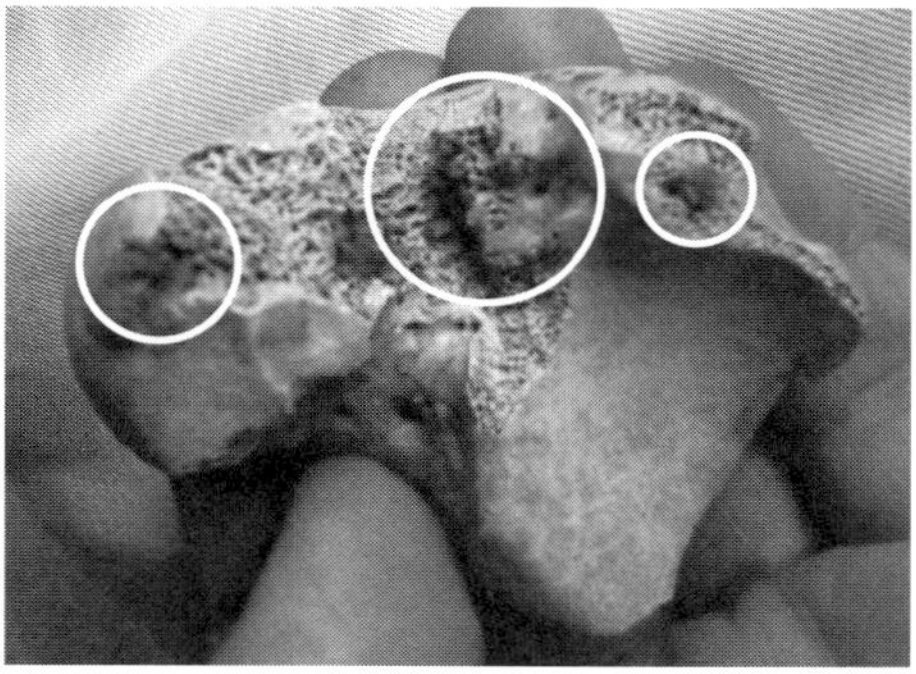

*足首の下の骨にも、丸で囲んだ部分に手榴弾の破片が食い込んでいる。

自爆の痕跡のないただひとりの兵隊が使用して不発になったのだろう、ということでした。ただし、手榴弾は不発だったものの、なかまの手榴弾の爆発に巻き込まれ、結局は助からなかったのでしょう。

西原町幸地で出てきた5体の遺骨

西原町で25体もの遺骨が出てきたことで、ぼくたち「ガマフヤー」は、幸地での収集作業をはじめることにしました。幸地周辺では小型の壕が多く点在します。日曜日のたびに幸地の山中を歩きまわり、壕があったと思われる場所を掘ってみました。しかし、壕が見つかってもなかには何もない場合もありました。

南東に面した急斜面の枯れ沢の中腹に、「コの字」型をした日本軍の小さな構築壕が掘られていました。壕には斜面の上から土砂が流れ込んで、入り口がかろうじてわかる状態でした。

構築壕は、入り口の高さ1メートル、幅60センチ、総延長が8メートルくらい、内部の高さも1・2メートルほどです。壕内に入り込んだ大量の土砂を掘り出してみましたが、内部には遺骨も戦闘の痕跡も見あたりませんでした。

しかし、周辺を歩くと、どうも気になる場所がありました。沢に沿った斜面に、

＊大腿骨のひざ側の関節。右手にもっているのが成人の関節。左手にもっているのが17歳くらいの少年と思われる関節。関節が未完成のため、先端部分が分離している。

小さながけ崩れを起こしているところがあったのです。がけ崩れの大きさから見て、壕が埋まっている可能性がありました。

その場所を掘っていくと、壕床《ごうしょう》だったと思われるところから、日本軍の装備品が出てきました。さらに壕の奥へと掘り進めると、遺骨が出てきました。

遺骨を動かさないようにして周囲を掘り下げ、全身の骨格が現れると、その遺骨は仰向けでひねった格好で後ろにのけぞっていました。両方の腕はひじから上のところで折れていて、その先の手が見つかりませんでした。足も途中で折れていて、その先がありませんでした。肋骨はそれほど損傷を受けていないので、手榴弾で爆死した遺骨とは少しようすが違っていました。

腰には帯革《たいかく》と呼ばれるベルトに小銃弾が入った弾薬盒《だんやくごう》が装着されていて、九九式小銃には銃剣が取りつけられていました。この遺骨は日本軍の完全武装兵です。

掘り進めていくと、1体目の遺骨から2メートルほど離れた場所で、うつ伏せの全身骨が2体、寄り添うように並んで発見されました。2体の頭と頭のあいだから、湯のみ茶碗とやかんが出てきました。片方が湯のみ茶碗をにぎっていました。

さらに、この2体と並んで4体目の遺骨が出てきました。やはりうつ伏せでしたが、頭蓋骨が破折していました。また、すぐとなりから5体目がうつ伏せで、右手を伸ばして水筒をにぎっていました。こうして、この埋没壕から5体の日本兵の遺骨が掘り出されたのです（121ページ写真参照）。

これまでにない特異な状況

この5体の遺骨は、これまでにない戦争の生々しい現実を示していました。

1体目の完全武装の日本兵の頭蓋骨は、鉄帽をかぶったままの状態で身体とは別の場所にありました。手足の先がないことから、手足が吹き飛ぶような爆発を受けたことが推測できます。頭部は壕内にあったので、この壕内で爆発を受けたと思われます。

アメリカ軍が壕に梱包爆薬《こんぽう》*を投げ入れたのでしょうか？　もしそうならば、爆発の被害がもっと広い範囲に及びますし、ほかの4人も損傷を受けているはずです。4人にはとくに損傷がないことから爆雷攻撃を受けたとは考えられません。

あらためて遺骨のまわりをしらべると、金属の破裂片がいくつか見つかりました。アメリカ軍の手榴弾ではありません。さらにしらべると、日本軍の50ミリ擲弾の弾帯の破片もありました。弾帯には発射された跡がありませんでした。この砲弾は、安全ピンを抜いて信管を固いものにぶつければ爆発させることができます。べつの

***梱包爆薬**：発火装置つきの手提げかばんやショルダーバッグなどに収納された、携行型の爆薬。障害物の破壊のほか、敵の壕や装甲車両に対する攻撃にも使用された。沖縄戦で、アメリカ軍は、ガマや日本軍の構築壕の中に梱包爆薬を投げ込み、中の兵士や住民を攻撃していった。

小さな落盤の跡が気になって掘り進める。

幸地の小型壕から掘り出された５体の遺骨。写真は朝日新聞提供。

壕で、「集団自決」にこの小型砲弾が使用されていたことがありました。

こうしたことから、ひとり目の完全武装兵は50ミリ擲弾で自ら命を絶ったと推測されました。しかし、せまい壕内で砲弾を爆発させているにもかかわらず、ほかの4人が損傷を受けていないのはなぜでしょうか。

また、遺骨が5体とも立体性を保っているということも不思議でした。これらのことから考えると、この5人は壕の落盤で生き埋めになったか、死後早い時期に壕が落盤して土に埋まったかのいずれかだと考えられました。

うつ伏せで横たわる4人

では、4人がうつ伏せになってきれいに並んでいたのはなぜでしょう。遺骨の表面の土を取り除き、はけで骨をきれいにすると、4人の背中や大腿骨の背面には何かの破片が食い込んでいることがわかりました。アメリカ軍の手榴弾でも、日本軍の50ミリ擲弾の破片でもない、もっと肉厚のある砲弾の破片でした。

壕内でアメリカ軍の砲弾の破片にあたることは考えられませんので、外でアメリカ軍の砲撃で負傷した4人の日本兵が、仲間によって壕の中へ運び込まれ、うつぶせに並べられたと推測すると納得できました。

121ページの写真を見てください。

壕の奥（写真の右端）の5の人の左ひじの上に、4の人の右腕が重なっています（ⓐ）。5の人が先に運び込まれ、つぎに4の人が運び込まれたのでしょう。つづいて3、2という順で運び込まれたと推測されます。最後に運び込まれた2の人は、壕内に入りきれておらず、足先が入り口をふさぐようにはみ出しています（ⓑ）。このことからも、2の人が最後に運び込まれたことがわかります。

2の人の右前腕はL字型に曲がっています（ⓒ）。単なる骨折ではなく、砲弾の破片を直撃を受け、皮一枚でかろうじてつながっている状態だったと思われます。

この折れた右腕の部分には空き缶が乗っていました（ⓓ）。最初はそれを不思議に思いましたが、傷口が地面にこすれて痛くないように、運び込んだ仲間が、空き缶を枕のように下からあてがってあげたのが、落盤の衝撃か何かで骨の上に乗るような形になったのだろうと想像し、納得しました。

折れていない左腕の手の平は、うつ伏せに寝かせられたとき自らを支えたのか、ひじを曲げ、手のひらを下に向けた形で左肩の位置にありました（ⓔ）。また、背骨のやや左側に砲弾の破片が食い込んでいました。

3の人は、左足首に砲弾の破片が食い込んでいました（ⓕ）。とても歩ける状態ではなかったと思われます。負傷した左足首を、右足の上に載せて枕のように支えていたのは、運んできた人たちができるだけ痛みが少ないような姿勢にしたのでしょう。左骨盤にもひどい損傷を受けていました（ⓖ）。左手には湯のみ茶碗をにぎっていました（ⓗ）。左の胸ポケットの位置からは万年筆が発見されました（ⓘ）。残念ながら記名はありませんでした。

4の人は、頭蓋骨が割れていました（ⓙ）。頭蓋骨が割れているということは死んでいたということですから、わざわざ死体を壕の中にまで運び込んでうつ伏せで寝かせるということは考えにくいのですが、もしかすると、負傷者としてこの壕に運び込まれた後で、頭蓋骨が割れるような事態が起きたのかもしれません。

5の人は、左骨盤と背骨に砲弾の破片が食い込んでいました。最期に水を求めたのでしょうか、右手を水筒にのばしていました（ⓚ）。

この4体の遺骨の周囲を丹念にしらべると、頭の先にある壁に、アメリカ軍の小銃弾が大量にめり込んでいました（ⓛ）。周囲の壁にめり込んだものや、跳ねかえって落ちていたものもありました。

このことから、4人が運び込まれた後に、アメリカ軍が壕の入り口から中を攻撃したということが推測できました。米兵が壕の中に小銃を乱射したとき、4人は動

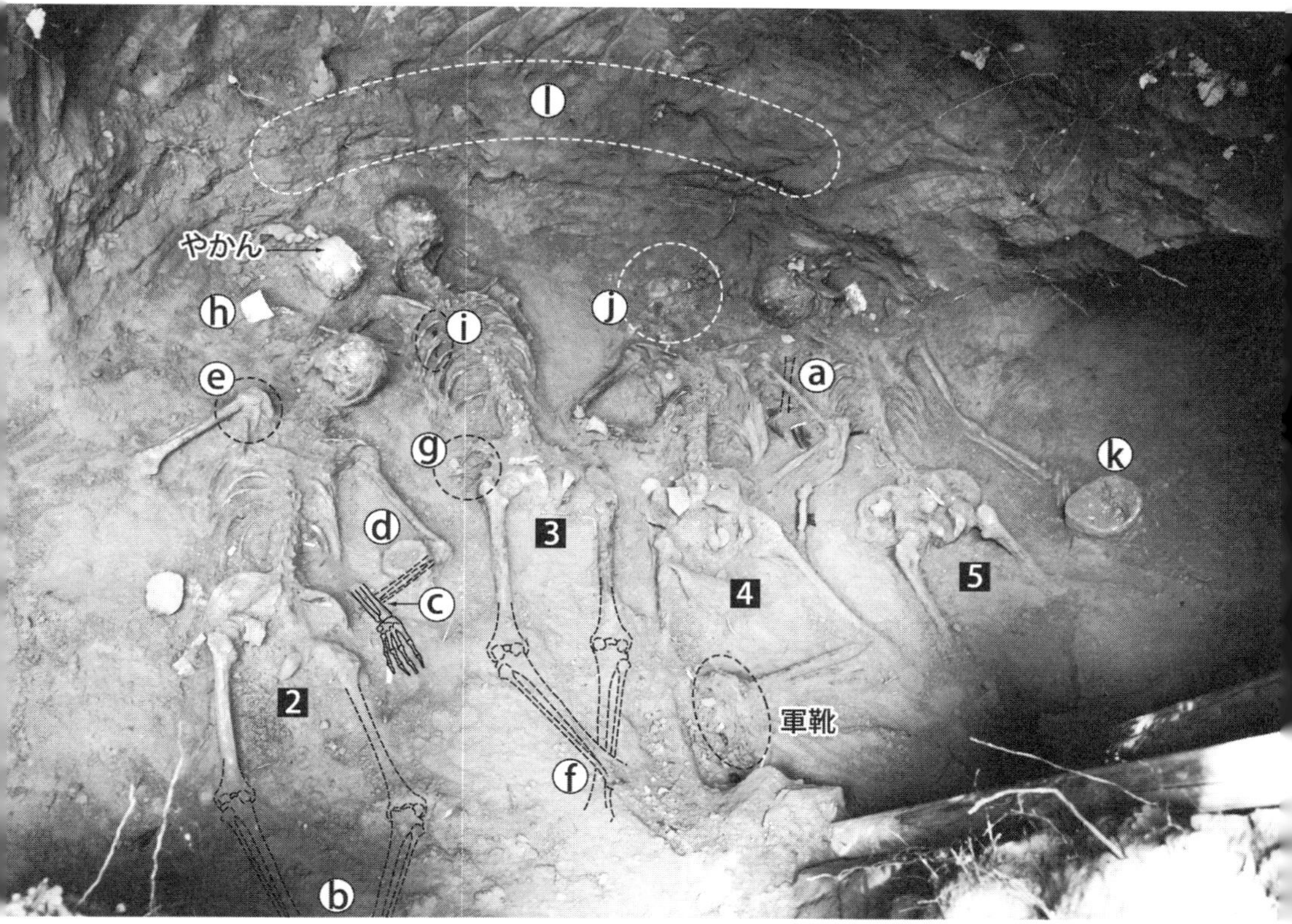

ⓐ５の人の左ひじに４の人の右腕が重なっている。ⓑ足先が壕の入り口をふさぐようにはみ出している。ⓒ前腕がＬ字型に分離している。ⓓ傷口の保護のために置かれたとおもわれる空き缶。ⓔ手のひらが肩の下にきている。ⓕ左足首に砲弾が食い込んでいる。右足を枕にしている。ⓖ骨盤も損傷を受けている。ⓗ湯飲み茶碗を握っている。ⓘ万年筆。ⓙ頭蓋骨が割れていた。ⓚ水筒。ⓛアメリカ軍の銃弾が大量に食い込んでいた。

くこともできなかったのでしょう。

この壕の遺骨の状況から全体を推測すると、負傷した4人が運ばれてきたあとに、アメリカ軍が壕の入り口まで来て小銃を乱射し、そのときに完全武装の兵隊が50ミリ擲弾で自爆をはかったために落盤が起き、5人が土砂に埋まってしまったと推測できます。埋葬された遺骨と思われるほど遺骨が立体性を保っていたのは、このためだと思われます。50ミリ擲弾が爆発したにもかかわらずほかの4人が被害を受けなかったのは、うつ伏せで寝かされていたからでしょう。

「自決」を選ばなかった人もいた

このように、多くの人が手榴弾によって自爆していきましたが、しかし、なかには「自決」の道を選ばなかった人もいました。

那覇市に住む宮城正雄さんは、28歳のとき、沖縄戦で防衛隊として召集され、軍の陸上輸送を任務とする輜重隊《しちょうたい》*に配属されました。1945年5月の末、宮城さんは糸満の新垣《あらかき》でアメリカ軍の攻撃を受けて重症を負い、同地区にあった日本軍の新垣野戦病院壕に収容されました。ところが、間もなく壕はアメリカ軍の攻撃を受け、病院は解散、軽症患者は南へと移動することになりました。

***輜重隊**：戦場の後方にあって、補給や車両などの修理をおこなう兵站《へいたん》基地と前線との連絡を確保する輸送部隊。戦場において補給はもっとも重要であったが、日本軍はこれを軽視したため、各地の戦場で、日本軍兵士の餓死者が続出した。

宮城さんら動けない重症患者は壕内に残されました。アメリカ軍に捕まることを恐れた患者のあいだで、「自決」しようという話が持ち上がりました。しばらくして手榴弾の爆発音が聞こえ、つぎつぎに「自決」がはじまりました。

宮城さんは壕の暗闇の中をなんとか移動して助かりました。ぼくは宮城さんに「自決しようとは思いませんでしたか？」とたずねました。宮城さんは「私には避難させた家族がいる。家族のためにも生き残らなければならないと思っていた」と答えました。*

宮城さんの考え方は、日本軍が行動の基本として兵士に強制していたものとは正反対です。当時、そんなことを口にしようものなら、すぐに銃殺されてしまったでしょう。しかし、宮城さんは、家族のために父親としての責任を果すという、本来の人間性を失うことはありませんでした。

玉城村《たまぐすくそん》のAさんは、１９４４年、小禄《おろく》にあった海軍飛行場の設営部隊に防衛隊*として入隊しましたが、沖縄の制空権《せいくうけん》*がアメリカ軍に奪われ、日本軍は戦闘機を飛ばすことができなくなってしまったため、陸戦隊《りくせんたい》*に転属させられました。

ある日、切り込み攻撃のために小隊*にわかれて移動していたとき、Ａさんたちはアメリカ軍の攻撃を受け、部隊は壊滅、隊長とふたりだけが残されました。隊長は「お

*証言する宮城正雄さん。

＊海軍飛行場設営部隊、防衛隊：１０４ページ脚注「防衛隊」参照。

＊制空権：ある範囲の空域において、航空部隊が敵国から攻撃を受けることなく飛行できる度合い。制空権を握るためには、敵国の航空機を破壊するだけでなく、飛行場や管制施設、航空母艦、格納庫、ミサイルなど、航空軍事力をすべて壊滅させる必要がある。制空権を握れば、その空域を自在に移動できるため、軍事作戦を非常に有利にすすめることができる。

＊陸戦隊：海軍陸戦隊のこと。42ページ参照。

＊小隊：軍隊の編制のひとつ。中隊の下、2個以上の分隊からなり、人数は30～60名ほど。（24ページ脚注「師団」参照）

前は帰って本部に報告しろ。自分はここで自決する」というや手榴弾の安全ピンを抜き、信管を叩いて発火させました。

ところがAさんは、その手榴弾をとっさに隊長の手からうばい取り、投げ捨ててしまったのです。

轟音があたりに響きわたりました。隊長は烈火のごとく怒り、Aさんはさんざん殴られました。それでも、隊長はやがて気を取り直し、ふたりで中隊*本部までもどりましたが、部隊はすでに移動したあとでした。さらに部隊を追いかけているところでアメリカ軍に見つかり、ふたりは捕まってしまいました。

ぼくはAさんに「どうして爆発寸前の手榴弾をうばい取ったのですか」と質問しました。長い沈黙の後、Aさんは「わからない」とひとこと答えました。ぼくはことばもありませんでした。

目の前で自決しようとする人間を救うために、Aさんは身の危険を顧みることもなく、反射的に手榴弾をうばい取り、投げ捨てたのです。それはまさしくAさんの人間性の発露でしょう。その結果、命を救った上官からはお礼ではなく暴行を受けたという事実に、ぼくは軍隊がいかに人間をゆがませるものかと暗澹《あんたん》とした気持ちになりました。

＊中隊：軍隊の編制の1つ。大隊の下、2個以上の小隊からなり、人数は60～250人ほど。（24ページ脚注「師団」参照）

第9章　不発弾で人の命を救う

不発弾処理を企業の金もうけの方法にした国

２００４年11月23日の「沖縄タイムス」を読んで、ぼくはおどろきました。不発弾の最終処分の方法として、それまでおこなわれていた海洋投棄が禁止*になり、陸上で処理をすることになるという記事でした。そこまではよいのですが、国はこの処理を企業に委託し、企業は、それを収益事業として受注するというのです。ぼくは記事を読んでいるうちに、だんだん腹が立ってきました。

沖縄ではいたるところから不発弾が発見されます。小学校の花壇から見つかったこともありました。処理される不発弾は年間20〜25トンにもなります。沖縄に埋もれている不発弾をすべて処理するのに、あと80年はかかるともいわれています。

遺骨収集の現場でも、ほとんどの場合、遺骨といっしょに砲弾の破片や不発弾が見つかります。遺骨と砲弾の破片を前に、この人は即死だったか、苦しみながら死んだのか、まわりにいた人は介抱してくれたのだろうか、と想像していたとき、遺骨のそばからさらに不発弾が出てきたことがありました。ぼくは思わず「まだ殺し足りないのか」とつぶやいてしまいました。

いつどこで爆発するのかわからないのが不発弾です。不発弾がある限り沖縄戦は

＊不発弾の海洋投棄の禁止：「ロンドン条約」（1972年の廃棄物その他の物の投棄による海洋汚染の防止に関する条約）と、1996年の「ロンドン議定書」にもとづき、つくられた条約。海洋汚染防止の観点から２００４年には「海洋汚染等防止法」の一部を改正して、廃棄物の海域での投棄規制を強化した。しかしこれは、新たな産廃処理ビジネスの対象ともなった。

つづいているのです。

沖縄に大量の不発弾が残されているのは、国が戦争を起こし、沖縄を戦場にしたからです。国は戦死者に対して責任を負うべきなのと同様に、人を殺傷する危険をもつ不発弾にも責任を負うべきです。

さきほどの新聞記事にぼくが怒りをおぼえたのは、国には不発弾を処理する能力を備えた自衛隊*が存在するにもかかわらず、その処理を営利企業に委託しようとしているからでした。兵隊や住民に手榴弾を２つ渡して「ひとつはアメリカ兵を殺せ、もうひとつは自決のために使え」と命令した国が、今度は、その不発弾で企業の営利事業を助けようというのです。

新聞に記事が掲載されたその日に、ぼくは「県民の手による不発弾の最終処分を考える会」を設立しました。

不発弾の最終処分を県民の手で

「県民の手による不発弾の最終処分を考える会」の主張は、沖縄で発見される不発弾の最終処分（不発弾の処理ではありません）を、国が自衛隊にではなく、企業に営利事業として委託するのであれば、むしろ沖縄戦の被害者である県民が主体と

＊自衛隊の不発弾処理班：不発弾処理は、自衛隊法附則第14条（防衛省移行に伴い附則第４条）により定められた自衛隊業務のひとつである。砲弾が掘り起こされた場合、まず警察が検分をおこない、爆発の恐れがなければ自衛隊の演習場に運んで爆破処理する。信管《しんかん》が生きていて爆発の危険がある場合は、近隣住民を避難させたうえで、その場で信管を解除し、演習場に運ぶ。不発弾が陸上で発見された場合は、陸上自衛隊の不発弾処理隊が、海底で発見された場合には、海上自衛隊の掃海部隊が処理をおこなう。

２０１２年２月に県立首里高校の校舎改築工事現場で見つかった不発弾は、米国製の２５０キロ爆弾（直径36センチ、長さ１２０センチ）で陸上自衛隊により、４月15日午前10時59分、同校敷地内で信管離脱処理された。処理現場を中心に半径２８８メートルの約２３５０人（約８４５世帯、95事業所）が避難、県道29号を含む19カ所で交通規制が実施された。（「琉球新報」、２０１２年４月16日付）

なったＮＰＯ団体に委託し、その収益を社会的弱者に還元させるべきである、というものです。

爆弾とはそもそも「人を殺す」ためにつくられたものです。沖縄戦では何の罪もない女性や子どもまで多くの人びとを殺しました。そしていまなお、不発弾として、爆発する危険があります。不発弾のその忌まわしい使命に終止符を打たなくてはなりません。そして、そこから得られた収益で「命を救う」ことを目指します。

つまり、ぼくたちは人を殺すための道具で人の命を救うのです。これは、爆弾の製造者や使用者に対して、罪の自覚をうながす抗議活動であると同時に、爆弾で人の命を救うことで、爆弾によって命を奪われた戦没者に対する実証的な慰霊活動でもあります。そしてその活動こそ、沖縄戦の被害者である沖縄県民が担うべきなのです。

具体的には、不発弾の最終処分で得られた収益を、お金があれば命を救える病気の子どもとその家族の支援に使う、などが考えられます。たとえば、心臓移植をすれば助かるとわかっていても、心臓移植の費用は保険の適用外ですし、治療費以外の交通費や、親が仕事を休むあいだの生活費まで考えると、負担は大変なものになります。不発弾最終処分事業の収益をこうした子どもの支援に使うことができれば、沖縄戦の戦没者もよろこんでくれるのではないかと考えています。

不発弾処理と不発弾の最終処分の違い

不発弾の「処理」と不発弾の「最終処分」がどう違うか、また、不発弾の最終処分の危険性について説明しておきましょう。

県内で不発弾が発見されると、まず警察が現場にかけつけて、不発弾を確認します。自治体は自衛隊に不発弾の発見を通知するとともに、その処理を要請します。不発弾処理の要請を受けた自衛隊は、1～2週間後、現場で不発弾の状況を調査し、爆発の危険性がなく、動かしても安全だと判断されれば、その場で回収し、アメリカ軍の嘉手納基地内にある不発弾保管庫へ搬送します。

一方、動かすと爆発する危険性があると判断されると、その場を立ち入り禁止にして1～2カ月後に処理がおこなわれます。当日は、その地域の住民を避難させ、信管を破壊するか取り外し、不発弾を動かしても爆発しないようにします。この信管破壊の作業が「不発弾処理」と呼ばれています。この後、アメリカ軍の嘉手納基地にある不発弾保管庫へ搬送します。

不発弾保管庫に集められた不発弾には、まだ火薬が入っているため、それを抜き取って完全に無害化する作業が必要です。この火薬抜き取り作業のことを「不発弾の最終処分」と呼びます。

爆弾からの火薬抜き取りを専門におこなう「解撤業《かいてつぎょう》」という職業があります。解撤業者は、自衛隊が保有する古くなった砲弾などを分解し、鉄と火薬にわける作業をします。対人地雷が国際的に全面禁止になったとき、回収された地雷から火薬を抜き取る作業を請け負ったのも解撤業者でした。

「県民の手による不発弾の最終処分を考える会」が提案しているのは、この解撤業をＮＰＯ法人の事業としておこない、その収益を子どもの医療支援基金にしようということです。もちろん、解撤作業も火薬を扱う危険な作業ですから、事業としておこなうには国に免許申請をし、認可されなければなりません。

沖縄で発見される不発弾のほとんどは、アメリカ軍のものです。沖縄では、１９７２年に日本に復帰*するまでは、不発弾の処理をアメリカ軍の不発弾処理班がおこなっていました。現在もアメリカ軍基地には不発弾処理班*が配属されています。

ほんらいならば、アメリカ軍の不発弾に日本国民の税金を使う必要はなく、すべてをアメリカ軍の責任で処理させるべきです。しかし、日本国が示した方針は、自衛隊にでもなく、ましてアメリカ軍にでもなく、民間の業者に営利事業として不発

＊沖縄の本土復帰：アジア・太平洋戦争（第二次世界大戦）に負けた日本は、アメリカをはじめとする連合国の占領統治下に置かれた。1951年9月8日、日本は、アメリカ・サンフランシスコ市において、連合国との間で正式に戦争を終結させるための平和条約（サンフランシスコ講和条約）に署名し、1952年4月28日、国家主権を回復し、独立を果たした。しかしこの条約で、沖縄・奄美・小笠原は日本の施政権から切り離され、引き続きアメリカの管理下に置かれることとなった。また、平和条約と同時に日米安全保障条約が結ばれ、沖縄にアメリカ軍が駐留することが認められた。アメリカ軍による犯罪や強引な基地建設が目立つようになると、沖縄県民の間で日本への復帰を目指す運動が高まり、1972年5月15日、沖縄の施政権が日本に返還された。これを本土復帰、あるいは沖縄返還という。しかし、日米安保条約にもとづく沖縄の過度の基地負担の構造はその後もまったく変わることはなく、現在も、日本国内のアメリカ軍施設の74％が沖縄に集中している。

＊アメリカ軍の不発弾処理班：アメリカ軍は基地敷地内で見つかった不発弾を、嘉手納《かでな》弾薬庫内の不発弾処理場で処理しており、周辺の小学校などに爆発音が響くなど住民に不安を与えている。

弾の最終処分を委託するということでした。国が責任を果たすための事業が、あまりにも安易に、税金を使って企業に下請けされているのです。

構造改革特区制度の審議の対象になった

「県民の手による不発弾の最終処分を考える会」の設立後、ぼくは新聞に意見を投稿する一方、市民団体の集まりやフォーラムを開催して、多くの人たちにアイデアを説明し、協力を求めました。

２００６年には、国が提唱した「構造改革特区制度*」に合わせ、「沖縄県内出土不発弾の浄財化」を提案しました。提案は内閣府に受理され、審議されることになりました。

交渉の相手は環境省と防衛省でしたが、実質的な担当省は防衛省でした。環境、防衛両省と「県民の手による不発弾の最終処分を考える会」の三者による提案内容の審議と、それに対する会の意見陳述がはじまりました。

「不発弾の最終処分を委託する民間事業者を選定する方法は一般競争を原則としているため、事業の実施に必要な要件が満たされればＮＰＯ法人でも一般競争に参加できる」というのが防衛省の見解でした。

＊**「構造改革特区制度」**：地域を限定して従来の規制を緩和することによって、これまでできなかった事業などを許可し、その地域の活性化をめざす制度。たとえば、酒税法で禁止されている「どぶろく」（自家製のお酒）を地域を限って許可する「どぶろく特区」が話題になった。

それに対しぼくは、「会としては、民間企業との競争入札に参加することは、営利事業としての不発弾最終処分を認めることになるため、できない。むしろ収益を社会へ還元できるＮＰＯ法人同士の一般競争を考えてほしい」と意見陳述しました。

しかし、防衛省からは「既定方針に沿って進める」という回答が返ってきただけでこれ以上は交渉が進みませんでした。これでは、会の要望は何ひとつ取り入れられたことになりません。申請書を再度提出するという再意見を提出して、審議は終了しました。

結局、国の既定方針に押し切られ、沖縄の不発弾は本土まで運ばれて、本土の解撤業者の営利事業として最終処分されることになってしまいました。

しかし、ぼくはまだあきらめていません。日本全国で見つかる不発弾の半分以上は沖縄で発見されたものです。わざわざ高い輸送費をかけて本土の処分施設まで運ぶのも税金のむだ使いです。沖縄には不発弾の最終処分施設が必要なのです。

そして、沖縄に不発弾の最終処分施設がつくられるときは、事業収益を弱者、とりわけ子どもの命を救うということに結びつけなくてはならないと考えています。この構想の実現に向けて、ぼくはいまも声を上げつづけています。

弱者同士が支え合って新たな職種を生み出す

沖縄の不発弾と遺骨収集は、いま新たな展開を見せています。

２０１１年２月、ぼくは首相官邸で当時の福山哲郎官房副長官につぎのことを要請しました。

(1)沖縄県内における大型遺骨収集事業の実施に対する総合特区制度*の適用。

(2)沖縄県内において不発弾の運搬、安全管理を担う新たな職種の創出に対する総合特区制度の適用。

(3)前項(1)と(2)における収益の福祉還元分の税制措置。

構造改革特区制度の進化形である「総合特区制度」を活用して、沖縄の戦後処理を非営利事業とする「沖縄戦後処理特区」をつくろうと提案したのです。

具体的には、不発弾の「運搬」と「安全管理」を新しい事業としてつくり、それをＮＰＯ法人が請け負うという提案です。

不発弾が発見されてから自衛隊がそれを回収しにくるまでに、通常１～２週間かかります。このあいだ、近隣住民は、危険ととなり合わせで生活しなくてはなりません。

＊**総合特区制度**：先進的取り組みをおこなう区域に規制緩和や資金援助をおこなう国の制度。２０１１年６月に成立。国際競争を強化する目的の「国際戦略総合特区」と、地域の活性化のための「地域活性化総合特区」があり、区域限定の規制緩和や国からの財政支援などが受けられる。３年を期限に年間で最大５億円の支援などがある。

現在、沖縄駐在の自衛隊には不発弾回収班が2班配属されていますが、発見から回収までに時間がかかるのは、人手が足りないからです。しかし、班の数を増やすことがむずかしいのであれば、「運搬」と「安全管理」の業務を、自衛隊に代わって「県民の手による不発弾の最終処分を考える会」が引き受け、失業者の雇用に役立てようという構想です。

もちろん、勝手に作業員を派遣して不発弾を回収するのではありません。不発弾に関する安全講習を終了した作業員が複数のチームにわかれ、チームにはひとりずつ回収専門の自衛隊員を配置してもらい、その隊員の指示の下で不発弾の回収、運搬業務をおこなうのです。構想の実現のためには、防衛省の協力が必要です。

ふたつ目の「安全管理」は、不発弾が処理・回収されるまでのあいだ、現場を監視する業務です。現場での信管の破壊作業が必要と判断された不発弾は、処理・回収まで1、2カ月かかります。場所によっては土のうを被せるだけの放置に近い状態になっています。不発弾が持ち去られないように、現場に監視員をつける必要があるのです。

監視員は不発弾の近くに常駐し、近づく人には警告し、それでも聞かない場合は携帯電話で警察に通報します。ぼくは、この安全管理業務を、障がいをもつ人たちの仕事にできないかと考え、現在、障がい者の自立支援をしているＮＰＯ法人チーム沖縄と話し合いを進めています。

沖縄県庁の知人にこのアイデアを話したところ、「警告を聞かない人への強制力が求められる監視員という仕事は、障がいのある人には向いていないのではないか」という意見が返ってきました。

たしかに強制力が必要な場所には健常者がいるべきでしょう。しかし、だからといって障がいのある人たちがこの業務をまったく担えないということになりません。障がいのある人たちが事業の運営主体になり、必要な数の健常者を雇用すればよいのです。

ぼくたちが描き出そうとしているのは、戦没者の遺骨収集や、不発弾という戦争が残した負の遺産を逆手に取り、社会的弱者が協力し合って事業をおこなうことで、子どもたちの命を救おうという社会のありかたです。この構想を実現させることで、沖縄戦の戦後処理と戦没者の慰霊を、ほんとうの意味で一歩進めることができると考えています。

第10章　遺骨を家族のもとへ帰したい

国立戦没者墓苑は遺骨を「集める」ための施設

「ガマフヤー」が収集した戦没者の遺骨は、まず糸満市摩文仁《まぶに》にある沖縄県平和祈念公園＊の管理事務所へ運びます。そこで、届け人氏名、収骨日時、発見場所、何人分の遺骨かなどを記帳して、管理事務所の一角にある仮安置所＊に遺骨を安置します。

こうして集められた遺骨は、毎年3月ころにいっしょに火葬され、公園内にある国立沖縄戦没者墓苑に納骨されます。沖縄ではいまも毎年80～１００体の遺骨が、国立沖縄戦没者墓苑に納骨されています。

この墓苑では、沖縄戦が終了したとされる6月23日、毎年、国の主催で総理大臣も参加する盛大な慰霊祭がおこなわれます。それまでのぼくは、戦争で亡くなった人の遺骨を国が集めて戦没者墓苑という施設に収容するのも、その戦没者の慰霊祭を毎年とりおこなうのも、国の当然の責任だと単純に考えていました。

ところが、遺骨収集をしてわかったことは、国は遺骨収集作業を業者に代行させていて、戦没者の遺骨を家族の元へ帰すことよりも、はやく集めることを目的にしているという事実でした。以来、この墓苑に対するぼくの見方は一変しました。

業者のおこなう遺骨収集は、壕《ごう》の中の土砂をショベルカーで根こそぎ掘り出し、

＊沖縄県平和祈念公園。

＊公園内の仮安置所。

ベルトコンベアの上にばらまき、下手《しもて》で待機した作業員が、目の前に流れてくる土砂から遺骨や遺品を拾い集めるというのが実態です。

亡くなった当時の姿を土の中でとどめていた骨も、ベルトコンベアの上ではバラバラになり、どこからどこまでがひとり分の骨なのかすらわかりません。仮に名前の書かれた万年筆が出てきても、どの遺骨がもっていたものなのかわかるはずもありません。国は遺骨を遺族のもとへ帰すことなど考えていないのです。

人間ではなく、ものを分別収集するような国の遺骨収集の実態を知ってから、ぼくは、盛大な慰霊祭とのあいだに大きな温度差があることに気づきました。

ところが、多くの人はそこに温度差など感じず、むしろ「ありがたいことだ」と思うでしょう。以前のぼくがそうであったように。

遺骨を遺族のもとに帰すためでなく、ただ集めることを目的としてつくられた施設こそ国立戦没者墓苑です。そして、戦死者の遺骨が家族のもとへ帰れないという悲しみを覆い隠すかのように、毎年盛大に慰霊祭がおこなわれるのです。

沖縄の遺骨収集は終わっている？

では、なぜ国は遺骨収集を急ぐのでしょうか。

２００８年10月、真嘉比《まかび》での遺骨収集がボランティアだけでは無理だということがわかり、国の支援を要請しようと沖縄県援護課を訪ねたときのことです。ぼくたちの要請に対して、担当者の口から返ってきたのは「国も沖縄県も沖縄の遺骨収集は終息したと考えています」ということでした。おどろきのあまり、しばらくは意味がわかりませんでした。

さらに半年後の２００９年４月、当時の厚生労働大臣から「沖縄の戦後処理と雇用対策が同時にできていいことです。国としても協力します。沖縄へ帰ったらスピード感をもって進めてください」といわれ、国の支援を取りつけたときも、沖縄県援護課は「県は沖縄の遺骨収集は終息したと考えている」ことを理由にして、真嘉比での遺骨収集をおこないませんでした。

予算を出す国は「支援する」と約束しているにもかかわらず、沖縄県の遺骨収集を所管する部署が反対しつづけるという不思議な事態が起こったのです。結局、那覇市が事業主体になり、真嘉比での遺骨収集事業が実現しましたが（第5章参照）、この一連のやり取りでわかったことは、国と県の遺骨収集を所管する部署は「沖縄の遺骨収集は終わった」「沖縄の戦後処理は終わった」ことにしたがっているということでした。

＊**国家の国民に対する戦争責任をめぐる政府の発言**：戦争責任については敗戦直後からさまざまに論議されているが、国として正式に責任の所在をあきらかにした声明はない。首相や閣僚が個別に表明した発言が幾度かある。最初は、1972年9月29日、田中角栄首相が「日中国交正常化」に際し、次のような謝罪を述べている。
「過去において日本国が戦争を通じて中国国民に重大な損害を与えたことについての責任を痛感し、深く反省する。
また、日本側は、中華人民共和国政府

戦争を国策として遂行し、多くの国民を戦死させた国が最初にやらなければいけないのは、戦死者の遺体や遺骨を家族のもとへ帰すことのはずです。戦争で国民に不幸をもたらした責任が国にあることを認め、戦没者と国民に対してはっきりと謝罪して、国民を二度と不幸な目に遭わさないという決意を表明すべきです。* 責任も認めず謝罪もしないまま、とにかく遺骨を集めて盛大な戦没者追悼慰霊祭を国家行事としておこなえば、国家が国民を戦死させたことの責任が免罪されるとでも考えているのでしょうか。

読者のみなさんも含めたぼくたち国民は、たとえ何十年という年月が経過しようとも、国が果たすべき責任はきっちりと果たすように要求しつづけることが必要です。それが国民としての義務であり、つぎの世代の日本社会をよくすることにつながります。

移転を余儀なくされた遺骨

遺骨収集などで掘り出された遺骨は、いまでは国立沖縄戦没者墓苑に納骨されますが、戦後直後からそうだったわけではありません。国立沖縄戦没者墓苑ができたのは、沖縄が日本に復帰した後の１９７９年のことです。それ以前は、収容所から

が提起した『復交三原則』を十分理解する立場に立って国交正常化の実現をはかるという見解を再確認する」

また、1982年8月24日には鈴木善幸首相が教科書問題についての記者会見で『「侵略」という批判もあることは認識する必要がある』と述べ、同26日、宮澤喜一内閣官房長官が韓国・中国から教科書内容について指摘されたことを受け、教科書の検定基準を改めることを認めた。

1995年8月15日、村山富市首相が戦後50周年の終戦記念日にあたって談話を発表した。いわゆる「村山談話」である。その内容は近隣諸国を植民地支配し、侵略したことについて深い謝罪と反省を表現したもので、現在でも戦争責任についてのひとつの基準とされているが、保守的な国会議員や国民のあいだからは批判の声が高い。

2000年8月30日、河野洋平外務大臣は「私は、歴史認識については、戦後50周年に閣議決定を経て発出された村山総理談話で我が国の考え方ははっきりしていると考えています。……」と村山談話を支持する演説を国会でおこなっているが、これについても保守派議員から反発が噴出した。

このほか歴代の首相や閣僚による、日本の戦争責任についての発言が複数あるが、そのたびにそれとまったく反対の発言をする国会議員もいて国としての見解は統一されず、アジア諸国の信頼が得られていない。

なお、日本国民に対する正式謝罪は現在までのところまったくなされていない。

解放された住民の手によって、沖縄戦犠牲者の遺骨が各集落のはずれに集められていました（20ページ参照）。

沖縄戦の3カ月を通じて、住民は日米両軍から甚大な被害を受けたにもかかわらず、兵隊の遺骨も住民の遺骨もわけ隔てなく収集し、手づくりの簡素な慰霊塔を建てて、霊を慰めていたのです。ありとあらゆるものが破壊され、日々の食料にさえ事欠くギリギリの状況にあっても遺骨を集めて供養したのは、沖縄戦を生き残った住民たちの人間性の発露にほかなりません。

ところが、国は、その手づくりの慰霊塔が「粗末である」「環境が悪い」などと理由をつけ、遺骨を一カ所に集めることを強要した*のです。遺骨は、各集落に建てられた慰霊塔からまとめて中央納骨所に移され、その後、国立沖縄戦没者墓苑に入れられました。

2つの国立戦没者墓苑

ところで、国立の戦没者墓苑は全国に2カ所しかありません。ひとつは、摩文仁の戦没者墓苑であり、もうひとつは東京の千鳥ヶ淵《ちどりがぶち》の戦没者墓苑*です。しかし、千鳥ヶ淵の戦没者墓苑には東京大空襲*などで亡くなった民間人の遺骨は入っていませ

＊国による合祀の強要：『死者たちの戦後誌』（北村毅著　お茶の水書房　2009）第1章参照。

＊国立戦没者墓苑（千鳥ヶ淵）。

＊東京大空襲：アジア・太平洋戦争の末期、日本中の都市がアメリカ軍の大型爆撃機B29の大編隊によって無差別爆撃を受けた。とくに1945年3月9日深夜から10日未明にかけて東京が襲われた空襲は大規模なものだった。B29の先発部隊が江東区・墨田区・台東区にまたがる40キロ平方メートルの周囲に焼夷弾《しょういだん》を投下して火の壁をつく

ん。東京ではまるで、戦没者とは戦死した兵隊だけを指しているかのようです。

一方、摩文仁では、住民や兵隊だけでなく、朝鮮半島から無理やり連れてこられた人びとや、行方不明とされているアメリカ兵の遺骨も入れられていることは間違いありません。なぜでしょうか。

それは、住民たちが戦死者の遺骨を集めたとき、住民も兵隊も、敵も味方も区別することなく収容したからです。死者を敵味方の区別することなく、等しく戦争の犠牲者としてとらえる考え方は、その後も平和記念公園内にある「平和の礎《いしじ》*」に継承され、いまに活かされています。

摩文仁の「国際平和墓苑」

もちろん、沖縄の戦没者墓苑の状況をすべて「よし」とするわけではありません。この墓苑でおこなわれる慰霊祭では、戦争の被害者は現在、「戦争の犠牲者」と表現されています。しかしぼくは、それがやがて「尊い犠牲者」、さらには「国に命を捧げた犠牲者」、そして「英霊《えいれい》*」へと美化されていくのではないかと危惧《きぐ》しています。

本土の人びとからはよく、「沖縄は戦争で大変でしたね」というねぎらいとなぐ

り、住民を猛火の中に閉じ込めてから約100万発（2000トン）もの焼夷弾などを投下した。逃げ惑う市民には超低空のB-29から機銃掃射が浴びせられ、下町を中心に10万人以上の人命が失われた（参考文献：早乙女勝元『東京が燃えた日』岩波ジュニア新書）。

*平和の礎。

***英霊**：広い意味では優れた人の霊魂のこと。日本では一般的に、天皇の統治する国家体制（国体）を守るために戦死した軍人の霊をいう。転じて、戦って死ぬことは誇りであると、戦争を美化するために使われている。

さめのことばをかけられます。もちろんそれは善意の発言なのですが、問題はそのことばを受け取るぼくたち沖縄県民の意識です。

くり返されるねぎらいとなぐさめのことばを、沖縄県民が無批判に受け入れてしまうと、戦争で受けた被害をあたかも「価値があったこと」であるかのように勘違いしてしまい、やがて、沖縄戦の被害についてのとらえ方が「悲劇のヒーロー」的なものへと変わってしまうのではないかと心配しています。

一方で、本土の人には、沖縄戦を海のむこうのできごととしてではなく、本土でもくり返されたかもしれない地上戦だったととらえてほしいのです。そして、軍隊はぼくたちを守らないということを知ってもらいたい。戦死を美化することは、過去の過ちを過ちと認めず、反対にそれを誇ることであり、戦争を認め受け入れることにつながっていきます。

千鳥ヶ淵のような兵隊だけの遺骨を慰霊する墓苑を国立戦没者墓苑と呼ぶならば、摩文仁の墓苑を同じ「国立戦没者墓苑」と呼ぶのはふさわしくありません。摩文仁には、兵隊の遺骨よりも住民の遺骨のほうが多く入っているからです。沖縄戦は兵隊よりも住民の犠牲が多かったのですから、それは当然だといえます。また、強制連行によって二重三重の被害を被《こうむ》った朝鮮半島出身者*や、いまだに行方不明とさ

***朝鮮半島出身の戦没者**：沖縄戦の戦没者数は、現在でも正確にはわかっていない。「国立沖縄戦没者墓苑」には、２０１２年現在、18万余柱の遺骨が納められているが、名前や国籍などが不明な遺骨も多く、厳密な意味での朝鮮半島出身者の数は不明である。氏名・出身が判明した戦没者は平和祈念公園の「平和の礎」に刻銘されており、その数は、総計24万０７３４名。そのうち日本人が22万６１６３名、外国人1万４５７１名。内訳は、沖縄県出身者14万９１３０名、沖縄県以外の都道府県出身者７万７０３３名、米国出身者1万４００９名、英国出身者82名、朝鮮半島出身者４４６名、台湾出身者34名である。(平成20年6月23日現在)

れているアメリカ兵の遺骨など、日本人以外の遺骨も多く収容されているに違いないからです。

このような摩文仁の墓苑は「国立戦没者墓苑」とするよりも、「国際平和墓苑」としたほうがふさわしいでしょう。そのほうが敵味方を超えた平和の墓苑というメッセージが明確に伝わり、外国人も犠牲者の追悼のため訪れやすくなります。世界の人びとともに戦争を反省し、平和を考えることにつながると思います。

遺骨の状態から年齢を推定する

さて、ぼくたち「ガマフヤー」の活動の大きな目的は、遺骨を家族のもとへ帰すことですが、実際には非常に困難です。遺骨は収集できても、それだけではどこのだれなのかがまったくわからないことが圧倒的に多いからです。

ぼくたちは遺骨の身元を特定するために、〈遺骨自体から得られる情報〉〈持ちものから得られる情報〉〈出土場所から得られる情報〉を手探りで集め、この3つをつなげてどんな人物であったのかを浮かび上がらせようとします。

たとえば、遺骨の手足の骨の長さを測れば、おおよその身長を割り出すことができます。頭蓋骨《ずがいこつ》や手足の筋肉の付き具合からは、性別や生前の体格が推測できます。

真嘉比でおこなった遺骨収集事業でも、このようにして遺骨を丹念にしらべ、記録に残しました。* その結果、後ほど紹介するように、見事、身元が判明し、遺族のもとへ帰ることができた遺骨があったのです（156ページ参照）。

持ちものからわかること

持ち物から得られる情報も、いつの時代の遺骨なのかを特定する上で非常に重要です。遺骨といっしょに見つかる遺品をしらべることで、沖縄戦戦没者の骨、大昔の古人骨、お墓の被葬者の遺骨、あるいは戦後の骨なのか特定することができます。

戦没者の場合、軍服のボタンや軍装品から住民なのか兵隊なのかがわかります。兵隊であれば、確実な区別はむずかしいのですが、正規兵なのか軍属《ぐんぞく》*なのかを判別することもできます。とくに、戦闘地域から出てくる遺骨のうち、軍服を着ているのに武器などの装備がない場合、軍属であった可能性が高くなります。

海軍の場合は、独特の軍装品があるので陸軍か海軍かもわかります。* さらに歩兵の場合は、小銃の弾薬の所持数が多く、砲兵の場合は、大砲に関連する遺物がいっしょに出てきてます。将校の場合は、飯盒《はんごう》の形式が異なるし、兵隊の階級も、書類を入れた小型カバンや軍刀吊りの形式から推定することができます。*

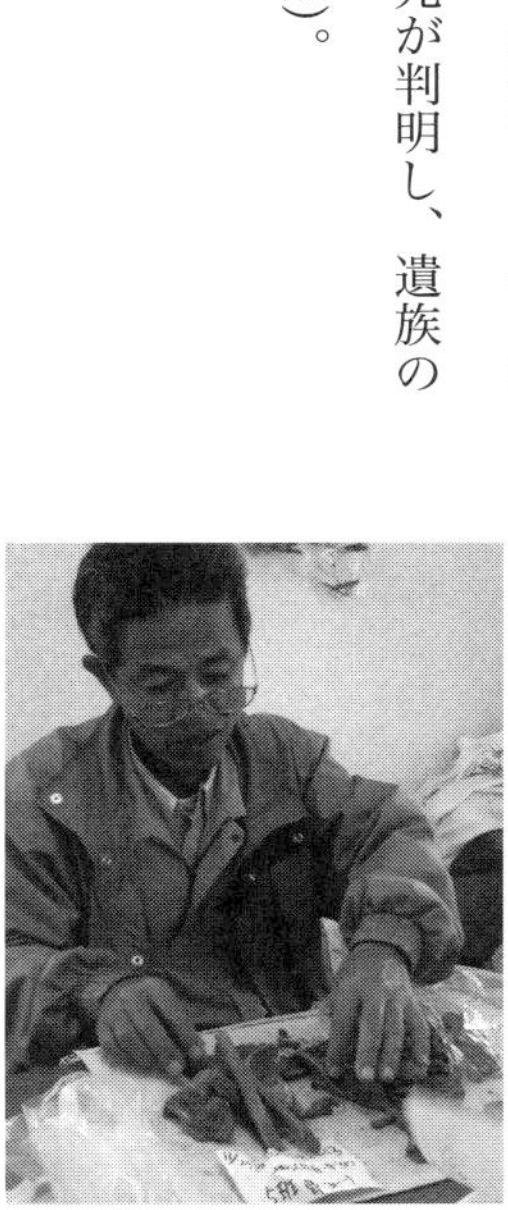

*遺骨の鑑定のようす。

*軍属《ぐんぞく》：軍人ではないが軍に所属して労働に従事する軍夫など。従軍慰安婦なども軍属とされる。

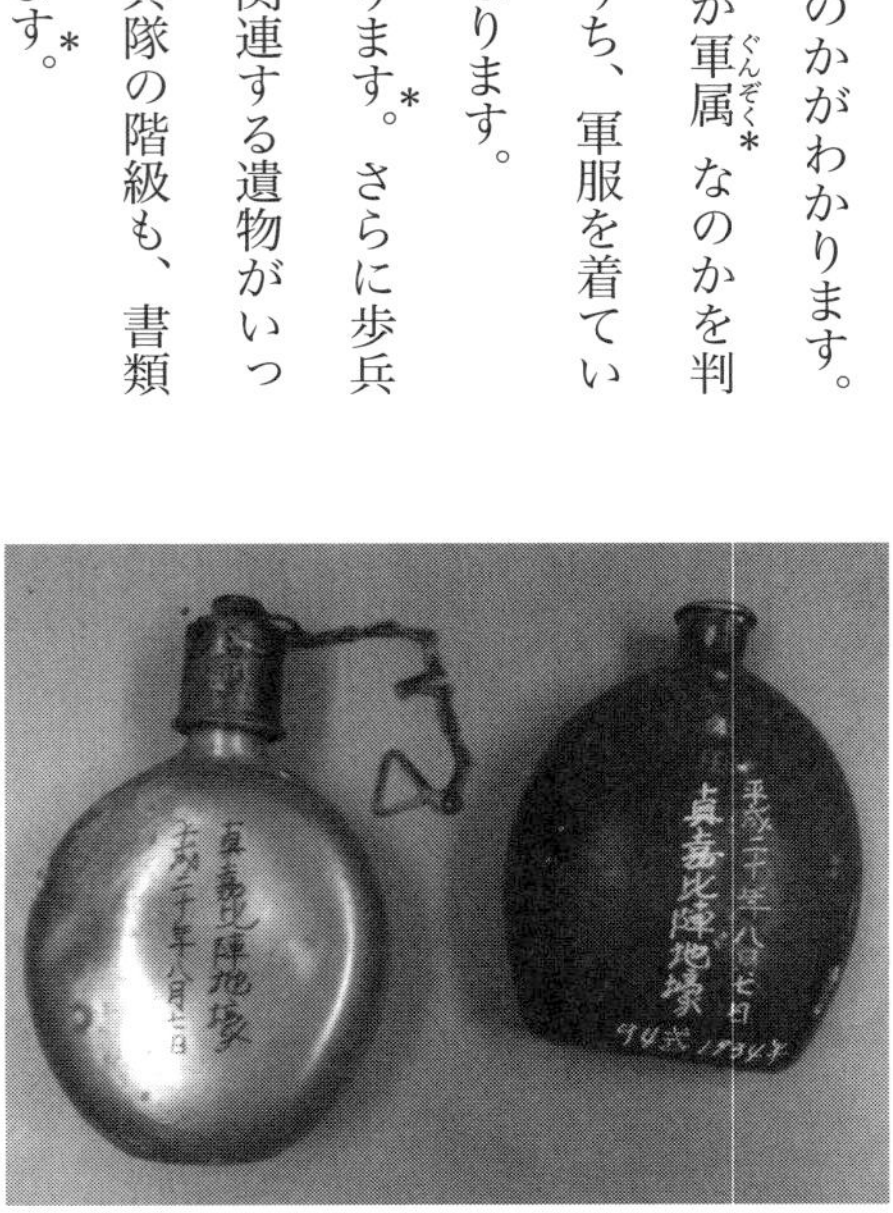

＊陸海軍の水筒：右が陸軍、左が海軍。国吉勇氏提供。

沖縄では古い時代の遺跡のある地域も戦場になっていますし、古い墳墓も戦争中は壕として利用されていたため、出てきた遺骨の年代が入りまじっている場合があります。実際に、知人のＫさんが収集していた現場から古人骨が出てきたことがありました。遺骨とともに加工された貝*がいっしょに出てきたため、その遺骨が古人骨だとわかったそうです。

遺跡や古墳墓で戦没者の遺骨収集をおこなう際には、出土する遺骨の年代を正確に測定する技術が必要になる可能性があります。そのためには考古学の専門家と協働することが必要です。

出てきた場所からわかること

日米両軍の戦闘記録を照らし合わせれば、その地域で戦闘があった月日がわかります。さらに沖縄戦開戦間もなくの戦闘であれば、どの部隊がその地域の戦闘に参加したのかを特定することもできます。

沖縄で地上戦が展開された１９４５年３月末から６月の３カ月間のうち、前半は軍隊同士の激突の時期でした。沖縄戦の後半になると、戦線は南部へと移動し、軍隊と住民が混在する事態となりました。遺骨収集現場からは、住民がどのようにし

＊遺物からわかる階級の違い：日本軍の飯盒。左は一般兵。中央は将校用(新型)、右は将校用（旧型）。国吉勇氏提供。

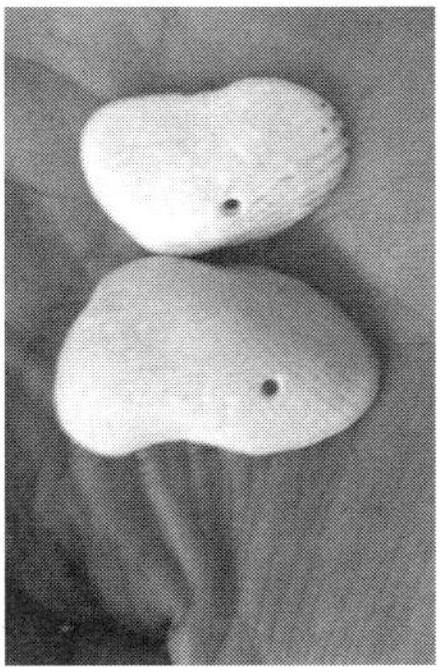

＊遺骨収集で出土した古人骨とともに出土した貝の飾り。大量に出土した。

て戦争へと巻き込まれていったのかがわかります。

兵隊の遺骨は、壕やガマの中から見つかる場合が一般的ですが、住民は岩の割れ目や窪みの中から見つかることが多いのです。ただし、沖縄では「風葬《ふうそう》*」といって、亡くなった人を人里離れた場所で何年か自然腐敗させ、後に洗骨《せんこつ》して壷に収めるという風習が戦前まで残っていました。

住民がアメリカ軍の爆撃をさけるため身をひそめた岩の割れ目や岩の窪みは、風葬によく使用された場所でもありました。そのため、遺骨といっしょに出てきた遺品をしらべることで、その遺骨が戦没者なのか、被葬者の遺骨なのかを判断します。お碗だけが見つかる場合、風葬遺骨の可能性も出てきます。一方、包丁や鍋まで見つかると、炊事道具をもって避難していた住民の戦没者の遺骨と判断することができます。

遺骨は特定できるか

「遺骨自体から得られる情報」「持ちものから得られる情報」「出てきた場所から得られる情報」の3つを組み合わせれば、遺骨の身元を特定することができるでしょうか。現実はなかなかむずかしいといわざるを得ません。

＊風葬：沖縄（琉球）地方の風葬は、大きくわけて2通りあった。ひとつは決まった場所（不浄の聖域）の洞窟《どうくつ》や山林に遺体を安置して、そこをそのまま共同の墓所とする原始的な方法と、もうひとつは墓の中に棺を一定期間安置し、風化して白骨化した後に親族が洗骨し、あらためて骨壷に納める方法がある。死生観を示すものとして葬儀の時の次のような歌が残されている。「トゥシアマイ、ナイビタン〈年が余りました（寿命になりました）〉／ティラバンタ、ウシュキティ〈ティラバンタ（葬所）に来ました〉／シッチ、ハタバルヤ〈干潟は〉／ナミヌシュル、タチュル〈波が立つ〉／ナミヤ、ハタバルヤ〈波の干潟は〉／ヒブイ、タチュサ〈煙が立つ〉／ニルヤリーチュ、ウシュキティ〈理想郷に来て〉／ハナヤリーチュ、ウシュキティ〈ハナヤリーチュに来て〉」ニルヤリーチュとハナヤリーチュは対句で、ニルヤハナヤ、すなわちニライカナイ（理想郷）のことである。「干潟は／波が立つ／波の干潟は／煙が立つ」は、意味がわかりにくいが、遺体が腐乱して溶けていくようすを干潟の小波にたとえ、「煙が立つ」のは溶けた肉体が煙(ヒブイ）になって飛んでいく描写だという説がある。琉球の信仰では、マブイ（魂）は煙のようなものと考えられていて、風葬は魂を海の彼方のニライカナイに帰すものとされている。

たとえば、年齢は20代前半、身長160センチメートル前後のがっちりした男性、持ちものから日本陸軍の歩兵、出土場所から歩兵第二二連隊第一一中隊の兵隊ではないか、というところまで絞り込むことはできたとしても、個人を特定できないのです。

住民の場合、情報量は極端に少なくなります。たとえば、中年女性で身長145センチメートル前後、肋骨《ろっこつ》に破折あり、持ちものはくしとガマ口《ぐち》*の金具と硬貨、出土場所は糸満市国吉《くによし》の山中の南斜面の岩と岩の隙間、というくらいが精一杯で、これだけでは身元を特定するのは不可能です。

結局、名前の書かれた遺品が出てこない限り、身元の特定にはつながりません。名前がどこかに書かれた遺品が見つかる割合は、これまでの遺骨収集作業の経験からしても、兵隊の場合ですら5%もありません。つまり100体のうち5体もないのです。住民にいたっては、これまで名前の書かれた遺品が出てきた例はまったくありません。

当時、住民は自分の名前の書かれた貯金通帳を持ち歩いていたという証言はありますが、紙は腐って残りません。名前が書かれ、いまでも遺品として見つかる可能性のあるものは、せいぜい兵隊の装備品だったアルミの水筒や飯盒《はんごう》、さらに万年筆

＊ガマ口《ぐち》。

やセルロイド製の石けん箱くらい＊ですが、出てくるのはごくわずかです。
このように考えると、沖縄戦の犠牲者が家族のもとへ帰ることはほとんど不可能のように思えてきます。しかし、ぼくが最後の望みをかけていたものがありました。ＤＮＡ鑑定です。

ＤＮＡ鑑定にかける希望

ＤＮＡ鑑定とは、人間の細胞の核とミトコンドリアに存在する四種の塩基《えんき》の配列がそれぞれ異なり、それが血縁者間で引き継がれることを利用した個人の識別方法です。アメリカでは１９９９年ころから戦争犠牲者の身元特定に使われはじめました。日本でも、シベリアで亡くなった日本兵の遺骨がすべてＤＮＡ鑑定にかけられ、遺族の側も検査に協力したこともあって、８００体あまりの遺骨が遺族のもとへ帰ることができました。

ぼくはそのＤＮＡ鑑定を沖縄戦の犠牲者の遺骨にも適用することができないかと思いつき、厚生労働省に沖縄戦戦没者のＤＮＡ鑑定をおこなうよう要請しました。

ところが、厚生労働省からの回答は冷たいものでした。「沖縄は南方地方のため骨の劣化がはやく、骨のなかにＤＮＡが残ってないのです」というのです。唯一の

＊写真右から、陸軍の水筒、将校用の飯盒のふた、石けん箱のふた。これらは真嘉比の壕の中から出てきた。水筒には、「西田」「二・二・三」と刻まれている。真嘉比の西側に布陣していた独立混成第十五連隊・第二大隊・第五中隊・第三小隊・第三分隊に栃木県出身の西田宇吉さんがいる。同氏の所持品と思われる。飯盒のふたには「久我」と刻まれている。石けん箱のふたには「真木」と刻まれている。

希望だったDNA鑑定の道も閉ざされてしまうのかと意気消沈してしまいましたが、真嘉比の遺骨収集事業で作業員として参加したホームレスの人たちが掘り出した1体の遺骨が、そんな暗い見通しを吹き飛ばしてくれたのです。

万年筆に浮かび上がった名前

その遺骨は、丘の南側斜面下に生えた大きなモクマオウの木の根本から出てきました。仰向けで頭を北側に向け、足は伸ばして両手はお腹の上で組まれ、顔には日本軍の戦闘鉄帽がかぶせられていました。戦場で仮埋葬された遺骨＊です。

遺骨は青年男性で、脛骨《けいこつ》38センチメートル、大腿骨《だいたいこつ》46センチメートル、推定身長は170センチメートル前後と当時としては大柄で、上顎前歯《じょうがくぜんし》左右の1、2番の4本には金冠がかぶせてありました。いっしょに松坂屋の万年筆も出てきましたが、作業時には「記名なし」と記録されています。

遺骨とともに万年筆が見つかると、ぼくたちは緊張します。万年筆に名前が書かれている場合があるからです。万年筆を水洗いして念入りにしらべたのですが、名前らしきものは見あたりませんでした。

遺骨収集事業が終了した後も、遺品や出土遺物の記録を取る作業がつづきました。

＊仮埋葬された遺骨。

そして半年ほどたった2010年7月末のある日、記録の分析にあたっていた「ガマフヤー」のメンバーが、「この万年筆は何か字が刻まれていますよ、見てください」と万年筆を見せてくれたのです。あの大柄な遺骨がもっていた松坂屋の万年筆*でした。

ぼくは万年筆を手に取ってじっくり見てみました。しかし、どこに字があるのかわかりません。「よくわからないよ」というと、「ほら、こんな風に刻まれていると思います」と、「朽方精」と紙に書いてくれました。

万年筆を太陽にかざしたり、角度を変えたりしても、字といえば字、傷といえば傷です。ぼくは半信半疑のまま、「朽方精」と書かれたメモをもって、「平和の礎」に向かいました。そこには、沖縄戦戦没者氏名の検索機*があります。

「朽方」の姓で検索すると1件見つかりました。そして名はなんと「精」だったのです。

「やったー！」ぼくはこぶしを突き上げ、思わずカーチャーシー*をひとりで踊ってしまいました。

心を落ち着かせ、もう一度検索機の画面を見ました。「朽方」さんは千葉県出身とあります。ぼくは千葉県出身者の刻銘壁*に飛んでいきました。「朽方精」さんの

＊「朽方精」と刻まれた万年筆。光の加減で、筆の胴部にうっすらと字が浮かびあがる。

＊沖縄戦戦没者氏名の検索機：平和祈念公園内にある「平和の礎」には無人案内所が4か所あり、そこには刻銘戦没者の検索システムが設置されている。礎は沖縄県出身者、県外出身者、外国出身者にエリアが別れていて、案内所のコンピューターに名前を入力すれば位置がわかる。英語、韓国語、中国語でも対応できる。

＊カーチャーシー：テンポの速い三線の曲で、また、その曲にのっておどる踊り。

＊戦没者の刻銘壁：写真中央に「朽方精」さんの名前が刻まれている。

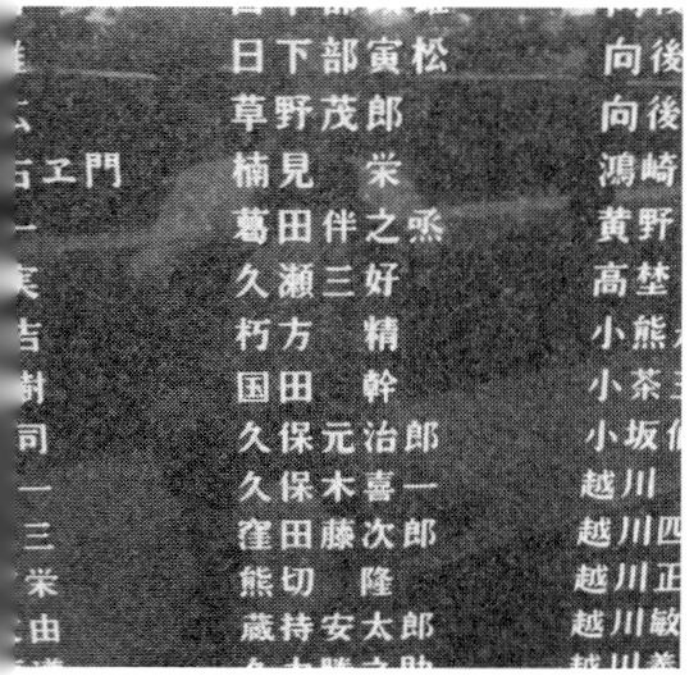

名前がたしかに刻まれていました。「あなたを探しているんですよ、あなたを。必ず帰すから待っていてくださいね」そう呼びかけて、その場を後にしました。

ぼくは、以前取材を受けた共同通信社の記者に急いで連絡し、真嘉比で出てきた一体の遺骨と万年筆について説明し、それが千葉県出身の「朽方精」さんのもので、どうにかして遺族のもとに帰したいと伝えました。2、3日後、千葉県の新聞にその記事が掲載されると、すぐに遺族の方から反応*がありました。

DNA鑑定へ

その日、ぼくは、仕事中で国道を原付バイクで走っていました。すると携帯が鳴りました。見覚えのない本土からの電話番号でした。けげんに思いながらも電話に出ると、

「千葉県の朽方《くちかた》と申します」

電話口の男性ははっきりとそういいました。遺族とつながった瞬間でした。

男性は、精さんの甥《おい》にあたる朽方成美さん*でした。精さんの弟さんである成美さんの父親も、高齢ながら健在とのことでした。最初に聞いたことは「精さんの体格はどうでしたか、大きな方ですか、それとも小柄な方ですか」ということでした。「当

＊遺族の方からの反応：じつは、朽方精さんの遺骨が発見された場所からはもう一体、仮埋葬された遺骨が発見されている。「陸軍少尉田寺光紹」と記された認識票を身につけていた。「平和の礎」から東京都出身ということまでは判明し、新聞などを通じて呼びかけているが、まだ遺族の方は見つかっていない。朽方精さんが沖縄から家族に宛てた手紙が残っており、その手紙に「田寺」と検閲印が押されていることから、田寺少尉は朽方精さんの直属の上司だったと考えられる。

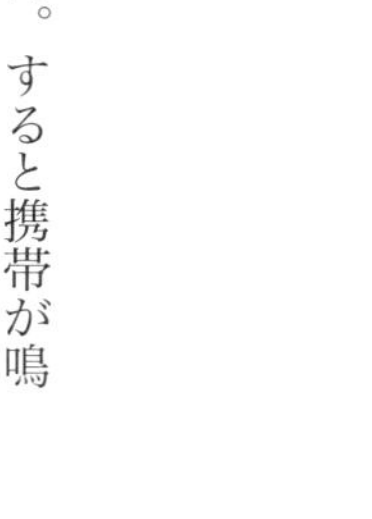

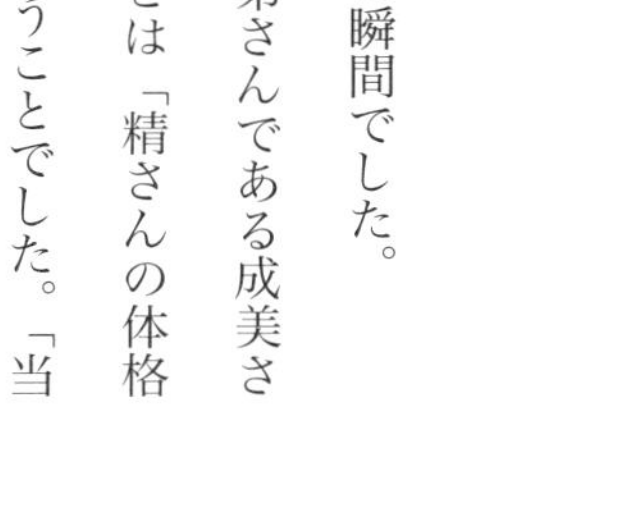
＊朽方成美さん。

時としては大きな人です。180センチ近くあったそうです」という返事を聞いてぼくは安心しました。

ぼくは成美さんに、「出てきた遺骨が大柄なので精さんに間違いないと思いますが、よろしければ厚生労働省にDNA鑑定を要請してみてはいかがでしょうか」と勧めました。成美さんは、鑑定を受けることに同意してくださいました。ぼくはすぐに厚生労働省に電話して、DNA鑑定のための検体の歯を、「朽方精*」さんの可能性が高い遺骨から抜き取って厚生労働省へ届けることを伝えました。

遺骨はすでに一体一体収骨袋に入れられ、摩文仁の仮安置所に移されていました。しかし、手元には詳細な記録ノートがあったので「朽方精」さんの遺骨を見つけ出すのに時間は要しませんでした。

仮安置所で、全身骨の納められた収骨袋を全部あけ、大腿骨の長さをひとつひとつ測っていきます。すると、ありました！　大腿骨46センチメートル、脛骨38センチメートル、頭蓋骨の前歯の4本に金冠。間違いありません。その頭蓋骨から奥歯と犬歯を抜き取ってビニール袋に入れ、さらにそれを白布の小袋に収めました。そしてそれを、東京の厚生労働省社会援護局の外事室へ届けたのです。

＊生前の朽方精さん。後列左から2番目。

太平洋戦争
沖縄戦

県内出身兵の遺骨か
万年筆に「朽方」の名

太平洋戦争末期の沖縄戦で激戦地となった那覇市真嘉比の丘陵地で、遺骨収集のボランティア団体が、千葉県出身の日本兵の氏名とみられる「朽方 精」と刻まれた万年筆など1人分の遺品や遺骨を発見し、遺族を探している。

那覇市の遺骨収集団体「ガマフヤー」の具志堅隆松代表によると、万年筆などの遺品は昨年11月、真嘉比の丘陵地にある巨木の下で、日本兵とみられる全身の遺骨とともに発見された。

ことし6月、万年筆の胴部に「朽方 精」と刻まれていることが判明。具志堅さんらが、沖縄戦の戦没者名を刻んだ「平和の礎（いしじ）」（沖縄県糸満市）を調べたところ、同姓同名の刻銘があり、住所は「千葉県」とだけ記されていた。

礎には所属や亡くなった場所も記されてなかったため、詳しい出身地などは確認できなかった。具志堅代表は「遺品をお返しして、見つかった状況を遺族に伝えたい」としている。

現場は那覇市の区画整理事業に伴う整地工事が進む一角で、多数の遺骨のほか、氏名が刻まれた水筒や認識票などが見つかっている。

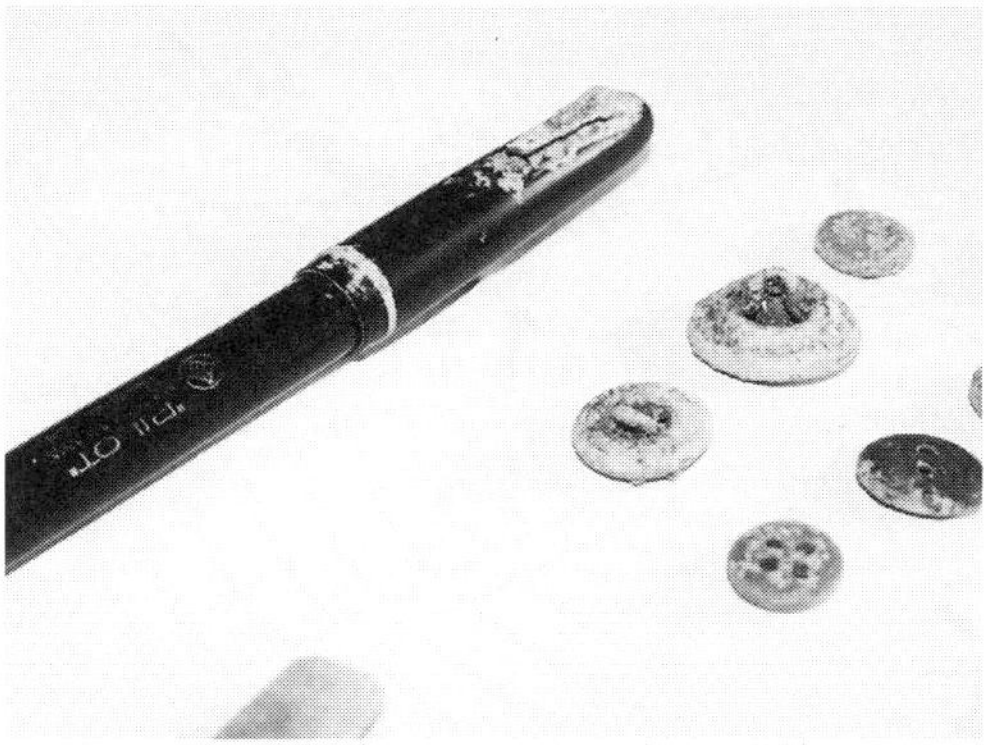

那覇市真嘉比の丘陵地で見つかった万年筆やボタンなどの遺品＝7月20日

ぼ満席。上りは15日午後以外は空席がある。東北、秋田、山形、上越、長野の5新幹線はほぼ昨年並み。

JRの担当者は、高速道路料金値下げの影響で13％減と落ち込んだ昨年と比べ、「景気に明るい材料はあるものの、厳しい状況は変わらない」としている。

日航は、国内、国際線とも10％以上減。国内線で6・4％、国際線で15・4％増加した全日空は「景気回復や円高の影響。上海万博もあって、中国線が好調」としている。国内線のピークは下りが12日、上りが15日。国際線は出国が6、7日、入国は7、15日などが混雑する見込み。

遺骨とともに、「朽方精」と刻まれた万年筆が出土したことを伝える記事
（「千葉日報」、2010 年 8 月 2 日付。記事・写真とも共同通信配信）。

道が開けた！

厚生労働省から鑑定結果が届いたのは、それから半年が経った２０１１年２月はじめでした。「真嘉比の遺骨と、朽方成美さんの父親とのＤＮＡが一致した」という知らせでした。

その後、朽方精さんの遺骨は、厚生労働省によって、沖縄県平和祈念公園内の遺骨仮安置所から千葉県の朽方さんの元へ帰されました。沖縄戦戦没者の遺骨の身元がＤＮＡ鑑定によって判明し、遺族の元へ帰ることができたのは精さんがはじめてでした。

これまで「沖縄の遺骨は、亜熱帯の環境で劣化がはやく、ＤＮＡが採取できない」といわれていました。しかし、朽方精さんの帰還は、その固定観念をひっくり返し、沖縄戦戦没者の遺骨のＤＮＡ鑑定に道をひらくものとなりました。歯はほかの骨よりも劣化が進みにくいために、ＤＮＡを採取することができたのです。それは同時に、沖縄での戦後処理（遺骨収集）の状況を劇的に変化させるできごとでもありました。国はこれから沖縄で見つかる遺骨に対して、ＤＮＡ鑑定をしなければならなくなったのです。

社援外発０２２２第１号
平成２３年２月２２日

杇方　成美　様

厚生労働省社会・援護局
援護企画課外事室長

戦没者遺骨のＤＮＡ鑑定の結果について

戦没者の慰霊事業につきましては、平素よりご配意いただき御礼申し上げます。

先般、杇方　成美様の申請に基づきＤＮＡ鑑定を実施した結果、血縁関係を有すると認められるご遺骨が特定されましたのでお知らせいたします。

なお、遺骨伝達に係る今後の手続につきましては、関係都道府県を通じて連絡を行うこととしておりますが、事務処理等の都合上多少時間がかかりますので、しばらくの間お待ちいただきますようお願い申し上げます。

【問合せ先】
〒100－8916
東京都千代田区霞が関1－2－2
厚生労働省社会・援護局
援護企画課外事室調査第一係
電話　03―5253―1111
（内線 3482）

厚生労働省から届いたDNA鑑定の結果。

２０１１年７月７日、ぼくたちは「これから見つかる沖縄戦の遺骨のうち、歯のあるものは全部ＤＮＡ鑑定をしてください」と厚生労働省に要請しました。

厚労省からは「戦没者遺骨の身元を特定し遺族の元へ帰すため、沖縄戦戦没者の遺骨は全部ＤＮＡ鑑定をします」という回答がありました。これまで掘り出されても家族の元へ帰る術《すべ》のなかった遺骨が、やっと故郷に帰れるかも知れないという希望が見えてきたのです。

第11章　遺骨に会い戦争を自分の目で確かめる

戦争の「当事者なき時代」がはじまる

沖縄戦が終了してから、今年（２０１２年）で67年が経ちます。沖縄戦当時10歳だった人は77歳に、20歳だった人は87歳を迎えます。それは、日本人のなかから戦争体験者、とりわけ戦場体験者がいなくなる日が目前に迫っているということを意味します。

しかし、日本人にとってあの戦争とは何だったのか、国民的な検証がおこなわれたとは、ぼくはまだ聞いたことがありません。国家による天皇への絶対的忠誠の強制によって、日本人にとってもアジアの人びとにとっても、甚大な被害をもたらしたのがアジア・太平洋戦争です。この「国策による未曾有の人災」が国民的に検証されないまま、いまぼくたちは「当事者なき時代」を迎えようとしています。

・戦争はなぜ起きてしまったのか。
・国民はどの段階で戦争に疑問を持つべきだったのか。
・まずいと気づいたとき、国民は戦争を止めることができなかったのか。
・失敗の原因を分析し、二度とくり返さないという保証を手にしたのか。
・だれに責任があるのか、国民はその責任を追及したのか。

・自らの加害者性とその責任を自覚できたか。
・アジアの被害国の人びととほんとうに和解するためにどうしたらよいか。

こうしたことすら、国民自身が検証することがないままに、戦争体験者が高齢化し、いままさにいなくなりつつあるのです。ぼくはこのことに強い危機感をもっています。

遺骨にも「人に会う権利」がある

しかし、じつは戦争体験者以上に戦争被害の実態を物語ろうという人たちがいます。そうです。いまも土に埋もれている戦没者の遺骨です。

ぼくは、作業現場で遺骨が見つかるたび、その死ぬ間際の姿に心打たれ、この遺骨をどのようにしてあげたらよいのだろうかと考えてしまいます。手を合わせて冥福を祈り、収骨してしまうのはかんたんなことですが、その瞬間に、遺骨がまさに身をもって訴えていたことをも回収してしまうような気がするのです。

ぼくたち「ガマフヤー」は、遺骨収集の作業現場を一般に公開し、いつでも遺骨と面会できるようにしています。戦争で死ぬとはどういうことなのか、出てきた遺骨の姿をできるだけ多くの人に見てもらいたいからです。

目の前に横たわる戦没者の遺骨を見ることで、なぜこの人がここで死ななければならなかったのか、戦争に賛美すべき死などほんとうにあるのか、戦没者は「英《えい》霊《れい》」と祀《まつ》られることをほんとうに望んでいるのか、なぜ老人や子どもまでが殺されなければいけなかったのか、遺族は悲しみにどのように耐えたのか、国家は国民にとって何なのか、私たちは二度とこのような目に遭わないということがいえるか、自らに問うてほしいのです。

そして、戦死者の死ぬ間際の心情を思いやり追悼してくれたなら、その遺骨の方へのなによりの供養になると考えています。

ほんらい、戦没者の遺骨は残らず身元を特定して、家族の元へ帰すべきですが、じっさいにはむずかしいのが現状です。そうならば、少しでも遺族の可能性のある方々には遺骨に会ってもらうべきですし、また、戦没者に対して哀悼の意を表したい人の参加を拒否する理由もありません。

さらに、ぼくは遺骨にも「人に会う権利」があると考えています。

人は、なにか大きな被害を受けたとき、その被害のようすをあえて公開し、救済を要請することがあります。戦没者遺骨の場合も同じです。声を出すことのできない遺骨は、遺骨になった自分の姿を多くの人に見てもらい、その被害の大きさを知って救済してほしいと願っているはずです。つまり、遺骨にも「出てきたままの姿で人に会い、自らの被害を訴える権利」があるのです。

子どもたちに遺骨を見てもらう

真嘉比《まかび》での遺骨収集事業のさなか、小学生から大学生までの子どもたちが体験収集に参加したり、現場見学に訪れたりしました。

これまで、沖縄戦の学習といえば、祈念館を見学したり、慰霊碑や戦跡、ガマ、避難壕《ごう》などを訪れ、説明を聞いたりすることが一般的でした。遺骨収集の作業現場を見学するというのは、おそらくはじめての試みだったと思います。子どもたちに遺骨収集の現場を見せることについては不安もありました。ショックを受ける子どももいるかも知れませんし、ぼくたちの伝えたいことがどれだけ伝わるかについても心配でした。

そこで、ぼくは作業員や担任の先生といっしょに子どもたちを現場に案内し、つぎのように話しました。

「きみたちが立っているこの場所は、64年前（１９４５年当時）、アメリカ軍と日本軍が戦争をした場所です。ここではたくさんの人が死にました。いま、みなさんの前に横たわっているのは、そのときの戦争で死んでしまった方の骨です。ぼくがきみたちに死んだ人の骨を見せるのは、『なんでこの人はここで死ななければいけなかったのだろう』『どうして戦争なんて起きるのだろう』ということを考えてほしいからです。

この場所は開発工事のために、もうすぐなくなってしまいます。来年には、ここは大きな道路になっているでしょう。きみたちがきょう自分の目で見たことを忘れないでください。そして大人になったとき、『真嘉比は戦場だったんだよ』ときみたちの子どもにも話してください。そしてなによりも、二度とこのような戦争を起こさないことが大事だということを伝えてほしいのです」

子どもは沖縄戦の証言者

幸い、私の不安は杞憂《きゆう》だったようです。子どもたちは遺骨におびえることもなく、目をそらすこともなく、騒ぐこともなく、私の話に耳を傾けてくれ、質問をしてくれました。

「遺骨の人の名前はわからないのですか」「何歳くらいの人ですか」「アメリカ人の遺骨は出てこないのですか」「この遺骨はこれからどうするのですか」……。ぼ

遺骨収集現場を見学した子どもたちに説明する。

くは、質問のひとつひとつに答えていきました。

ぼくは最後にもう一度、つぎのように伝えました。

「このような現場を見ることができる人は、大人でもほとんどいません。きみたちは自分の目でこの現場を見たのですから、大人になったとき、『真嘉比は戦没者の遺骨が出る場所だった』と証言することができます。テレビや本のなかの『沖縄戦』ではなく、事実としての沖縄戦の現場を自分の目で確認したのです。ですから、きみたちはもう沖縄戦をつぎの世代に伝える証言者です。だからきょうの体験をしっかり覚えておいてください」

戦争が終わって67年（２０１２年現在）も過ぎたいま、子どもたちが戦争被害者の遺骨を自分の目で見ることはとても大事なことだと思います。映像や本のなかの写真ではなく、事実としての沖縄戦を確かめることができるからです。

この子どもたちが大人になったとき、「真嘉比は戦場だったそうだ」ではなく、「真嘉比は戦場だった。わたしが子どものとき、鉄帽をかぶり、小銃を持った日本兵の遺骨をそこで見た」といえるのです。沖縄戦の体験者がいなくなった後も、かれらが沖縄戦を語り継いでいくのです。かれらはまぎれもない沖縄戦の証言者なのです。

あとがきにかえて

ぼくが子どもたちにかならず話すことがあります。それをこの本のしめくくりとしましょう。

大事な3つのこと

ぼくがこれまで長いこと遺骨収集をやってきてわかった、大事なことが３つあります。

①人を殺してはいけない。

②殺されることを認めてはいけない。

③自分を殺してはいけない。

①人を殺してはいけない。

これは世界中の人が、時代を超えて、国境も越えて、宗教も超えて、だれもが認めていることです。

②殺されることを認めてはいけない。

自分から殺されたいと思う人はいません。人間も含めて動物は傷つくことを本能的にさけようとします。でも、人間の社会にはそれでは困る団体がいます。

軍隊です。

もし、兵隊がケガをしたり死ぬことを恐れていたら、戦争になりません。だから軍隊では、ケガをすることも死ぬことも恐れないように徹底的に兵隊を教育しました。「戦争で死ぬことは恐ろしいことではなく、名誉なことである」と叩き込んだのです。

でもそれは、はっきりと間違っています。戦争で死ぬということは「死ぬ」ではなくて「殺される」ということだからです。

「死ぬ」ことと「殺される」ことはまったく違います。「死」は万人に平等にやってきます。死なない人はいません。だから「死」をどう迎え、受け入れるかは人間にとって大昔からの永遠の課題です。ぼくは、それぞれが一生かかってその答えを見つけられたらそれでいいと思っています。身近な、大事な人が死んでしまうのはほんとうに悲しいことですが、不幸なことではありません。ですが、「殺される」ことは、「殺される」人にとっても「殺す」人にとっても不幸なことです。はっきりいえば、あってはいけないことです。

殺されそうな人が「殺されたくない」と叫ぶことは、弱いことでも恥ずかしいことでもなく、とても自然で大切なことです。

戦争で相手を殺すということは、自分も殺されるかもしれない危険に身をさらすということですが、それでも殺されることを恐れずに相手を殺すことを軍隊は兵隊に要求します。この「殺されることを恐れず」という考え方こそ、「殺されることを認める」ことにつながっていきます。

③自分を殺してはいけない。

もし、「殺されることを認める」と、かんたんに「自分を殺すことを認める」ことにつながってしまいます。つまり「死を恐れない」ということが、「自決（自殺）を恐れない」ことに結びついてしまうのです。

3つのやってはいけないことは、いまも残っている

戦争中は、この3つのやってはいけないことを、国が国民に実行するように教育し、命令しました。そして残念なことに、沖縄戦ではその命令を多くの人が実行してしまいました。そしてもっと残念なことに、この3つのやってはいけないことは、形を変えて、いまの日本社会にも残っているのです。

「殺す」ということを「いじめ」に置き換えてください。

①人をいじめてはいけない。

②いじめられることを認めてはいけない。

③自分をいじめてはいけない。

①人をいじめてはいけない。

これはだれでもわかることです。

②いじめられることを認めてはいけない。

これは自分がいじめられてよい存在でないということに気がついて、いじめる相手に対して「わたしをいじめないでほしい。あなたは間違っている」と主張してほしいということです。

③自分をいじめてはいけない。

これは少しむずかしいことですが、人はいじめられつづけると、自分のことを「いじめられる存在」だと勘違いしていじめを受け入れてしまい、自分の価値に気づかないまま自分自身を否定してしまうようになってしまいます。つまり「自分をいじめる」ようになってしまうこともあるということです。

人間はひとりひとりが大事な存在であり、仕事や勉強やスポーツができたからではなく、それぞれが生きているだけで価値のあることだということに気づいてください。

生きるために戦争を学習する

ぼくはこれまで遺骨の収集活動をつづけてきて、敵であるアメリカ軍に殺された人だけでなく、自決した（自分で自分を殺した）人がとても多いことに気づき、大きなショックを受けました。現代の日本社会では自殺をする人が年間３万人もいます。学校や会社でのいじめも、まるで昔の日本軍かと思うくらいたくさん起こっています。

ぼくたちが沖縄戦をひき起こしたアジア・太平洋戦争をはじめ、日本が過去に起こした戦争を学ぶのは、ただ歴史を学習するというよりも、ぼくたち自身が生きていくために必要だからです。わずか67年前、ことばではとてもいい尽くせないような凄惨《せいさん》なできごとが沖縄で繰り広げられました。これは沖縄だけのことだけではありません。

日本という国がはじめた戦争によって、多くの人びとが恐ろしい被害を被ったのです。なぜそうなったのか、止めることはできなかったのか、もしも止めることができなかったとするとそれはなぜなのか。それを、戦後世代の若い人たちが被害を受けた住民の立場からしらべ、二度と同じ目に遭わないようにするために、なにをなすべきかを確かめることが、戦争を学ぶということです。

その上で、国民や近隣諸国の人びとが犠牲になった現場を訪れて、被害の実態を確認してみてください。沖縄では、いまでも戦没者の遺骨が毎年80～100体も出てきています。遺骨収集の現場は、国のはじめた戦争によって国民が被害を受けたことを証明する場所です。戦争で死ぬということがどういうことなのか、戦争の本当のすがたを亡くなった人のためにも知ってもらいたいのです。

[著者]
具志堅隆松（ぐしけん・たかまつ）
1954 年、沖縄県那覇市生まれ。
沖縄戦遺骨収集ボランティア「ガマフヤー」代表。

1982 年、はじめて遺骨収集に参加。
つぎつぎと掘り出される人骨に衝撃を受け「できればもう二度としたくない」と思う。
高齢化や情報の少なさなどのために、多くの遺族が遺骨や遺品の収集をあきらめるのを見て「遺骨を遺族の元に返したい」という思いを強める。以来、医療機器修理業を営む傍ら、30 年近く、ガマやかつての激戦地の遺骨を収集しつづける。激戦地がつぎつぎと都市開発によって消えていくのを目のあたりにして、遺骨収集の必要性を国や自治体に訴える。
2009 年 10 月から 2 カ月間、那覇市真嘉比地区で、ホームレスや生活保護受給者ら 55 人を雇用した遺骨収集事業を実施。子どもや若い世代に向けて遺骨収集のボランティア活動を募集するなどして、戦争の現実を伝える活動をしている。
2011 年度、吉川英治文化賞を受賞。
ＮＰＯ「県民の手による不発弾の最終処分を考える会」代表。

●沖縄戦遺骨収集ボランティア「ガマフヤー」
沖縄のガマや山野の沖縄戦被災者の遺骨を、慰霊のため収集し、家族の元へ帰す活動を通して、民間人をまき込んだ地上戦の実相に近づき、戦争のない次世代をつくるための精神的な礎とする。

■組版・編集協力　ギャラップ

ぼくが遺骨を掘る人「ガマフヤー」になったわけ。
サトウキビの島は戦場だった

2012 年 9 月 10 日　第 1 刷発行
2023 年 9 月 20 日　第 4 刷発行

著　者　具志堅隆松
発行者　坂上美樹
発行所　合同出版株式会社
東京都小金井市関野町 1-6-10
郵便番号　184-0001
電話 042（401）2930
URL：http://www.godo-shuppan.co.jp/
振替　00180-9-65422
印刷・製本　株式会社シナノ

■刊行図書リストを無料進呈いたします。
■落丁乱丁の際はお取り換えいたします。

ISBN978-4-7726-1063-6　NDC302　210 × 148